U0890052

时尚内幕

（法）安吉娜·汉莎瓦尔·埃尔尼
卡雷尔·巴拉斯 著
徐雅竹 译

那些在巴黎
时 尚 界 工 作 的 女 人

在卡罗琳·莱韦斯克的指导下完成

SPM
南方出版传媒
广东经济出版社
·广 州·

图书在版编目（CIP）数据

时尚内幕：那些在巴黎时尚界工作的女人／（法）安吉娜·汉莎瓦尔·埃尔尼，（法）卡雷尔·巴拉斯著；徐雅竹译．—广州：广东经济出版社，2020.6

ISBN 978－7－5454－6693－5

Ⅰ.①时… Ⅱ.①安… ②卡… ③徐… Ⅲ.①女性—访问记—法国 Ⅳ.①K835.658.5

中国版本图书馆CIP数据核字（2019）第072173号

责任编辑：周　晶　林跃藩
责任校对：李玉娴
责任技编：陆俊帆

© 2016 Éditions de La Martinière，une marque de la société EDLM，Paris.
版权登记号：19－2018－003

时尚内幕：那些在巴黎时尚界工作的女人
SHISHANG NEIMU：NAXIE ZAI BALI SHISHANGJIE GONGZUO DE NÜREN

出版人	李　鹏
出　版 发　行	广东经济出版社（广州市环市东路水荫路11号11～12楼）
经　销	全国新华书店
印　刷	广东鹏腾宇文化创新有限公司 （珠海市高新区唐家湾镇科技九路88号10栋）
开　本	787毫米×1092毫米　1/16
印　张	13.75
字　数	210千字
版　次	2020年6月第1版
印　次	2020年6月第1次
书　号	ISBN 978－7－5454－6693－5
定　价	60.00元

图书营销中心地址：广州市环市东路水荫路11号11楼
电话：（020）87393830　邮政编码：510075
如发现印装质量问题，影响阅读，请与本社联系
广东经济出版社常年法律顾问：胡志海律师
·版权所有　翻印必究·

引言

专业时尚人士通常在什么圈子内活跃？设计师们如何设计自己的穿着、充盈自己的内心？超模的装扮是什么样子的？职业买手们在哪里购物？巴黎有哪些不错的本土设计师？

从林荫大道到圣日耳曼大道，从观光胜地皮加勒区到时尚的玛黑区，她们的脚步遍及巴黎各个角落。这些女人有何共同点呢？她们工作在巴黎的潮流一线，随时愿意接待我们到家里做客，同时也乐于向我们敞开专属于她们的时尚宇宙之门。

进入时尚世界的秘诀何在？需要具备哪些特殊才能？这个领域中是否存在职业助推器？

在她们中间，有模特摩根，时尚编辑珍妮，设计师高龙巴，新闻专员瓦莱丽，记者桑德里娜，职业买手爱丽丝……无论她们在赛琳（Céline）还是路易威登（Louis Vuitton）工作，就职于知名杂志《世界时装之苑》（*ELLE*）还是著名的巴黎春天百货，穿梭在迪奥（Dior）还是SÉZANE（巴黎时装品牌），她们每个人都对时尚事业倾注了满腔热情。

在采访过程中，通过展示日常生活和行程满满的日程表，她们毫无保留地对我们提出的问题做出了诠释。这些人中有人自学成才、有人受过专业教育，她们一一详述了其职业生涯，还原了走上时尚之路的艰辛曲折。她们努力探寻适合自己的生存方式，以求在这个特殊的微观世界里获得宝贵的一席之地。

通过这个职业万花筒，我们仿佛窥见一条悬挂肖像画的长廊，这其中的每个主角都个性鲜明。无论是从别人那里获得灵感还是给予别人灵感，这些巴黎女人让时尚变成了一种真实的生活方式：对她们而言，平凡是一种美，日常琐碎也是一种升华。通过运用技巧，她们为身边的一切事物注入美感，却又润物细无声，不着痕迹。透过纸面上的文字，她们仿若邀请我们来到家里做客，同时给予我们分享其隐私的珍贵特权。

最难能可贵的是，她们低声谦虚地为我们解读时尚，给予我们充分的信任，将她们保存完好的秘密展示在读者面前，并把一手的内幕信息传递给我们。因为深谙衣着打扮的要义，她们自身的穿着装扮就是最强有力的证明。她们从不盲目追求流行事物，探索时尚于她们而言更多是为了获得乐趣、打破所有既定的规则；她们大胆地将大牌名牌与小众品牌进行混合，从而形成专属于自己的风格。正如圣罗兰所言，“时尚易逝，风格永存”。我们的这些主人公亲手打造时尚，用恰到好处的轻松与个性化的设计使得新鲜事物得以永存。她们身上的主题词是“魅力”，一种专属于她们的魅力。这些女人犹如一阵春风，轻轻拂面，在时间的长河里创造出一个充盈的时尚世界。

目录

时尚内幕
那些工作在潮流一线的
巴黎时尚女人

JEANNE

珍妮

时尚
及市场编辑

《世界时装之苑》
ELLE

珍妮 JEANNE

时尚及市场编辑

“他”已经70岁却没有一条皱纹。“他”是成千上万个法国人的每周伴侣，这个群体涵盖了法国各个年龄阶层。这个“他”，其实是“她”——《世界时装之苑》，虽然已迈入古稀之年，但依然执着于带领年轻女孩们追寻时尚之梦。我们今天要介绍的主人公名叫珍妮。珍妮自进入职场以来便就职于《世界时装之苑》（*ELLE*），与其他人不同，她对东家的赞美从未停止过。

意外邂逅

与时尚的相遇于珍妮来说纯属偶然，这一意外的相遇发生在她人生之路的十字路口。她从未想过会与其邂逅，更确切地说，是时尚缓缓向她走来。一切都发生得如此简单。“我很幸运，我从没主动找过工作。”珍妮很自然地说道。

珍妮曾在法国Atelier Chardon Savard服装设计学院短暂求学，很快她发现这里的教育并不为其量身定做。而在著名时装设计师蒂埃里·德雷弗斯那里实习时，珍妮迎来了决定其职业生涯的第一次转机：在这个男性占据主导的圈子里，她有幸认识了Vanessa Bruno（法国知名设计师品牌）的新闻专员。这个新朋友带她进入新的社交圈，为她找到了一个新闻办公室实习的机会，正是在这个地方，当时年仅21岁的珍妮被《世界时装之苑》的一个编辑慧眼识中。经过了一段短暂的在时尚杂志*Vogue*和Mada & Rami星探工作室实习的日子之后，珍妮终于在《世界时装之苑》找到了自己的用武之地，担任助理设计师一职。她在这里站稳脚跟，并很快推出了自己的主题设计。“*ELLE*是我生命中的一部分，这是一个世代相传的家族故事。我祖母在世时就一直是*ELLE*的订户，祖母过世后祖父成了*ELLE*的订户，而我母亲也是每周都买来翻阅。我也总是迫不及待地跑去报亭买最新的一期翻看。”

在《世界时装之苑》工作

每一季都从一系列不间断的时装表演秀开始——每季超过200场。每年时装周期间，珍妮都不停往返于米兰和巴黎，同时也远程关注纽约和伦敦的秀场。她从这些时装秀中提取出当季的主要流行元素，然后立即将这些流行元素运用到她想要实现的设计系列中去。“当我捕捉到一个好的主题时，我总要思考应该通过一个怎样的角度来诠释它，我会将其分别放到室外和工作室中去想象，让它置身于世界尽头的一片风景中，同时也要权衡这一系列应该选择哪位摄影师及哪个模特来呈现。”当把各个主题分配给相应的设计师，由主编指定好各部分页数之后，一项细致的集体工作就此拉开了帷幕，“一本杂志能体现真正的团队精神，在这里工作的整体氛围就如你能想象到的一样让人愉悦”，一切工作都是为了确保拍摄的顺利进行。在杂志正式出版之前还有一系列杂七杂八的工作，包括情绪板（moodboard）的起草设计、从巴黎陈列室借用一些物品来拍照、制订外拍计划、准备服装、组成项目团队……“对我来说，每年的1月到7月之间，奔波在世界各地风景秀美的地方马不停蹄地参与一场场会议一点都不足为奇。”珍妮微笑着解释道，而一年中余下的时间她一般在巴黎进行拍摄，或者去一些大都市远足，说不定在那里也会偶遇一些正在取景的摄影师和模特。珍妮向我们描述了她最近的一次成果，一个精美的长达22页的“预热集合”系列——“预热集合”宣布了即将到来的夏季趋势：“当季预热通常只有奢侈品。只给读者看一些她们通常消费不起的服装其实是有些不妥的。所以我们一般会顺应潮流，选择一些女生们愿意购买和再诠释的款式，比如‘新水手服’。我们也试图通过分享一部分周边饰品来凸显这一系列的鲜活感。这是杂志开头制作特辑版块的创意，有时在几期特刊杂志中我们也会整合若干模特的图片。”

市场的艺术

珍妮其实有着双重身份。在《世界时装之苑》，她并不仅仅满足于时尚编辑的身份，同时也做了几个月的市场编辑。这是一项有趣的工作，主要负责法国和美国市场。落在珍妮身上的任务是比较敏感的：她需要权衡广告商与文字编辑之间的关系。这个工作的商业性导向也十分明显：她对所有的广告商了如指掌，也非常清楚每个品牌买下的广告页面的数量。在过去的十几年里，这个行业已经发生了转变，市场编辑的任务显然就变得更加重要：受品牌危机影响，品牌的期望值被放大，每个品牌在广告投放方面的投入也成倍增加，它们为了维护自己的市场份额而各自为战。面对这样一种微妙的境况，珍妮是最清醒不过的人了：“广告商给予我们支持，反过来我们也要支持他们。我们永远不能忽略这样一个事实：是广告商养活了我们，我们必须懂得感恩。”而这项工作的最终目标是找到一个平衡：“我们并不是置于品牌之下，也不会完全按照广告商的意思编写杂志。这中间其实是一种伙伴关系，但又很有局限性。我的角色就是在约束与自由之间寻求一种完美的平衡。”

“一个不过度打扮自己、穿着舒服的女人总能给人一种如沐春风的舒适感。”

巴黎式优雅

珍妮的身材很好，肩膀尤其标致。她深谙优雅装扮的艺术，懂得突出自己的优点。因为工作的缘故，她有幸能提前一个季度捕捉到流行趋势，这也使得她有时间消化当下的流行新品，认

真琢磨一些漂亮的单品并捕捉到它们的附加价值。珍妮十分谦虚，她甚至想要为自己对于时尚的忠贞而道歉：哪怕她的衣橱里装满了各种款式的衣服，她也觉得自己“太过单一，总是保持同样风格的穿着”。简单说来，珍妮一般都是穿基本款：艾克妮（Acne）的黑色修身裤，路易威登（Louis Vuitton）的高跟靴，斯特拉·麦卡特尼（Stella McCartney）的粗线针织衫和一件束腰短上衣，她试图呈现一套近乎完美的基本款穿搭，结果当然是令人印象深刻的细腻、精致、和谐。这种漫不经心的打扮，不需要太多的饰品，就能让整个人的线条显得足够干净明朗。珍妮本身对于优雅也有所要求，她的时尚哲学讲

“时尚让人有梦可寻，在外人看来这是一个非常酷的职业。当然，确实是这样，但为了在这个圈子里得到一席之地，我们也必须付出艰辛的努力。”

求可持续性。毫无疑问，她喜欢衣服和穿搭，但她讲究合理消费、适度购买，不狂热也不盲目。珍妮更像是一个投资者，对她来说，质量远比数量更有吸引力：“我有很多特别好看的衣服，我觉得自己特别幸运。我很喜欢传承的概念。当我的购物念头动摇的时候，我就会安慰自己说这衣服将来可以留给我女儿穿，以此来消除自己的负罪感。”珍妮自己也曾从母亲那里继承过一些珠宝、几个老古驰（Gucci）包，还有从家里阁楼的化妆箱里翻出来的几件伊夫圣罗兰（Yves Saint Laurent）女式上衣。

对珍妮来说，风格并不存在一种固定的模式，它因人而异，是每个人所独有的。“你很难去判断一个人的风格，它是很私人的东西。就好比家里的装潢、孩子的名字一样……”相比于风

St GEORGES
9me ARRt
PLACE
St GEORGES
9me ARRt
RUE
St GEORGES
CAFE
SALON DE THE
SALON DE THE
BRASSERIE
Service continu
Vin au verre
Déjeuner

格，她对魅力更感兴趣。“一个词如果表达了太多意思，那它等于什么都没说。”在珍妮的床头柜上放着《女性的魅力》这本书，而这也正是这本书的作者弗朗索瓦·博多的见解。珍妮认为，“魅力是一个整体概念，比如好的举止、干净的头发、整洁的手。魅力也是一种存在的方式，比如一个微笑、一句问候。展示你的穿着，不会让人觉得过于刻意……”魅力是一门炼金术，更是一种自我认知的魔力。

不可避免的，我们追问了这个时尚专家一个问题：为了保持优雅我们到底该不该跟随潮流？她的答案是：“我会说‘不’。一个人真正应该追随的，是他自己的品位。”

彩色光芒

我们现在位于巴黎第九区北部的圣乔治广场（Saint-Georges place）。广场中心的喷泉中间坐落着19世纪知名的狂欢节艺术家瓦尔尼的半身雕像，雕像周围是巴黎狂欢节的装饰。这个喷泉以前是马的饮水槽。这里的剧院还保留着弗朗索瓦·特吕弗执导的电影《最后一班地铁》的布景。珍妮和她的工作室就在这条同名街道尽头一座拥有大玻璃窗的房子里。“欢迎欢迎。”珍妮站在门口的棕榈树从前面微笑着迎接我们。屋子里的布置和谐而又充满生机：三张花花绿绿的椅子、一张云纹软垫长椅、一张放着不成套坐垫的沙发、一张印着柠檬的皮埃尔·保兰（法国著名设计师）扶手椅、一座高大的乐高雕塑。

这里色彩众多又表达细腻、生机勃勃又妙趣横生，给人一种家庭的温馨感。这是一个根据珍妮对时尚的解读而串联起来的家庭：她崇拜自己的祖母，那是一个温柔、优雅又勇敢地孕育了八个孩子的伟大母亲；她的偶像是斯特拉·麦卡特尼、菲比·费罗、史蒂娜·坦娜特和维多利亚·贝克汉姆，这四位都是杰出的时尚界女士，她们都出色地将自己辉煌的职业生涯与生儿育女的家庭角色有机统一了起来。“几十年前，一个合格的时尚编辑是不会有孩子的，时尚是她们的毕生追求。我在时尚圈工作，但我不仅仅拥有这些，我还有我的家庭——家里人口还不少哩！当然，我需要合理规划自己的工作和生活，但幸运的是，这一切完全可以完美结合。我有幸可以证明，工作和家庭两者并不会相互耽误。”这位有着3个女儿、长女5岁的妈妈自信地说。对珍妮而言，家庭是她的支柱，能够为她消除工作中的一些疲倦和不愉快。这也是除了时尚编辑、市场编辑之外，珍妮的第三重身份，而她完全胜任这一身份。

> “不管是在工作中，还是在日常的穿衣打扮上，我都很看重传承的力量：价值观可以代代相传，而很多衣服也可以经受住时间的考验传递给下一代。”

珍妮的推荐清单

周边商铺

Épicerie Rap：巴黎最好的意大利香料店，有销售Al Dente La Salsa意大利面番茄酱。地址：巴黎第九区Fléchier街4号。

Humphris：销售新鲜优质有机产品，农场直运。地址：巴黎第九区Milton街1号。

Professore：可以靠在壁炉旁的角落小酌一杯鸡尾酒。地址：巴黎第九区Choron街7号。

Le Pantruche：现代设计的小酒馆。地址：巴黎第九区Victor-Massé街3号。

Sebastien Godard：售卖美味蛋糕的糕点铺。地址：巴黎第九区Martyrs街22号。

Karamell：Léna糖果店，糖分和色素较少。地址：巴黎第九区Martyrs街15号。

Pattaya：巴黎最好的泰国店，新闻专员和时尚编辑的集聚地。地址：巴黎第一区Étienne-Marcel街29号。

Buvette：Buvette New York的姊妹店，推荐给思乡的纽约人。地址：巴黎第九区Henry-Monnier街28号。

花店

Les Fleurs D'Aline：Aline会在每束花上系一颗糖果送给姑娘们。地址：巴黎第九区Notre-Dame-de-Lorette街4号。

Les mauvaises graines：销售草本植物种子、野生植物种子、奇特品种植物、稻草填充的动物模型。地址：巴黎第九区Saint-Germain大道203号。

Debeaulieu：这家花店与众多著名时尚品牌合作。地址：巴黎第九区Henry-Monnier街30号。

装饰

Jamini：销售带有印度民间传统特色图案和色彩的饰品及时尚家居用品。地址：巴黎第九区Notre-Dame-de-Lorette街10号。

Lab Boutique：漂亮的床上用品店。地址：巴黎第九区Notre-Dame-de-Lorette街10号。

La Tresorerie：一家新开的家用小商品杂货店。地址：巴黎第十区Château-d'Eau街11号。

Antiquités Arthur Bruet：橱窗采用歌剧院设计风格。地址：巴黎第九区Saint-Lazare街30号。

购物（尤其针对儿童用品）

Centre Commercial：一家很棒的概念店，我通常在里面选购家居用品和女儿、丈夫、自己的衣服。网址：www.centrecommercial.cc。

Bobo choses：网址：www.bobochoses.com。

Pois plume：销售漂亮的衣服、玩具、饰品、床上用品。地址：巴黎第九区Henri-Monnier街4号。

Oeuf NYC：销售童装、实用生态家具。网址：www.oeufnyc.com。

Animals observatory：网址：www.theanimalsobservatory.com。

Minirodini：网址：www.minirodini.com。

Minois Paris：适合儿童的母婴品牌。网址：www.minoisparis.fr。

Frichti：专为儿童提供家庭烹饪食物，可以配送上门。网址：www.frichti.com。

Bonpoint：可以买到适合小女孩的衣服和香水。地址：巴黎第六区Tournon街6号。

CHARLÈNE

沙 琳

皮革制品
及饰品项目组经理

赛琳

CÉLINE

CHARLÈNE

沙 琳

皮革制品及饰品项目组经理

从布洛瓦森林到薇薇安画廊

当你见到沙琳的时候，你很难想象她是在森林里长大的。这个在千里之外的森林里成长起来的褐发姑娘，可爱的褐色面孔上带着一股不加粉饰的魅力和一种自然的优雅，仿佛一个少年一般。我们也只能把她跟那些在太平洋岸边或者加拿大乡村度过童年时光的模特们做个类比了，他们都得到了大自然的馈赠。

人生中的前17年，沙琳都活跃在布洛瓦森林周围，远离巴黎的时尚中心。沙琳对时尚的接触最早来自她的曾祖母和祖母，这两个老太太醉心于好看的家具、美丽的珠宝和毛皮大衣等，但她并不确定这是否对她后来的着装风格产生了影响——毕竟在沙琳的衣帽间里并没有毛皮大衣或者珠宝。沙琳的母亲也喜欢收集好看的东西，从沙琳童年开始母亲就给她足够的自由去按照自己的意愿打扮。“我可以自己选择穿什么，当然这也要冒着搭配失败的风险，好在都是些可以接受的失误。”

中学毕业后，沙琳选择了里昂商学院（EML-yon），这是法国一所著名的商业和管理学院。在那里，她主修文化营销和品牌销售。即使到了那里，时尚圈似乎仍然距离她很远，但沙琳怯生生地开始想方设法赚零花钱。最开始是给鲁兹（Lutz）、Ventilo（法国小众品牌）、马丁·马吉拉（Martin Margiela）几个品牌当平面模特，紧接着她选择在更高级的消费领域不断冒险，其中就包括一次咖啡品牌的短暂尝试。让人意外的是，正是这个咖啡品牌指引沙琳走上了时尚的道路。“这些经历让我反思自己到底真正喜欢做什么。”她说道。

从反思中，她意识到自己对于衣着的兴趣。她轻松地说：“我一直很喜欢衣服，也总是悉心研究自己的穿搭。”因此她去了法国时装学院（IFM，Institut Français de la Mode）学习，在学习的过程中她找到了一直以来自己真正想要的东西：人脉网，还有对产品、材料等的科学认识。她由此迈出了在酩悦·轩尼诗–路易·威登集团（LVMH）工作的第一步：作为成衣产品经理助理。她先是在路易威登（Louis Vuitton）实习，后来又获得了一个女士成衣配饰开发的工作岗位，这份工作她一直做了四年。沿着合理的职业发展轨迹，沙琳成功获得赛琳（Céline）这一著名品牌提供的工作。先是做产品经理，后来担任了皮革制品及饰品（包括珠宝和眼镜）项目组经理。她主要的工作任务有以下几点：对需求界定和价格梯度确定进行分析、给设计师提供产品简介、选择供应商、发布成型阶段产品并跟踪样品的改进。这一切都按照艺术总监菲比·费罗的安排进行。在这一系列不给她太多喘息时间的活动中，她尤其喜欢“360度始终以产品为中心的视觉设计”，以及能够同时与设计师和供应商进行对话的身份。我们采访完沙琳之后，她在赛琳（Céline）度过了最后一个星期，接下来她将跳槽到英国著名品牌迈宝瑞（Mulberry）工作。

自由，尊严，自发性

“我没办法定义自己的风格，我甚至说不清自己喜欢一件衣服的原因……这对我男朋友来说是极大的折磨：每次他想送我一件衣服，总是不能完全合我心意。”在装扮方面她并没有秘诀或者原则可言，只有一点小常识：“永远不要让黑色的饰物离脸部太近，那样会使面部线条太过突出……而且我也不喜欢短裤。”再就是要能把握好自由的尺度。她从来不会追求成套的性感服饰或运动服饰，她更愿意把这两种看似对立的服饰混合起来，并且对这个对立感到不以为然：在沙琳的日常穿着中，运动鞋是不怕碰到裙子的，时装鞋跟裤子也是很好的搭配。她坦承对于白色、彩色和印花有所偏好，比起基本款服装她更倾向于大胆的设计。她缺少很多基本款的衣服，而她

也从来没有想过要去添置几件。

在沙琳的更衣室里，我们看到赛琳（Céline）的女装和一些宽松有层次感的衣服，这些款式大多极具设计感，追求极简主义，上面可能还有一些不错的印花设计。其中一件路易威登（Louis Vuitton）的黄色碎花连衣裙让沙琳自己忍不住笑了起来，随后她有些脸红："这可能是从我祖母的衣柜里拿来的吧。"她的衣橱像播放音乐的椅子一样嘎吱嘎吱响，东西多到仿佛随时会炸开。沙琳像一个不愿意丢下心爱的背带裤的小孩子一样，狂热的喜好让她可以整整两个月都穿同一件衣服，接着她会对其感到厌烦，最后将其扔到角落里再转头去喜欢下一件衣服。

沙琳正当三十几岁的最好年纪——她所拥有的年轻女孩的魅力让她看上去仿佛还是二十来岁的样子，她认为自己的风格这些年来也在发生变化：被迫购物和意外搭伙逐渐被深思熟虑后的购买所代替，而且通常是独自采购。她表示："我没办法跟别人一起逛街，我需要活在自己的小世界里。"短裙渐渐淡出了她的衣柜，而之前总是被她忽略的高跟鞋和珠宝却多了起来。她的职业对这一转变的发生产生了很大影响：即便在日常生活中职业没有给她带来束缚，她也在无形中对自己的穿搭强加了要求。为了达到"永不过时"的目的，她承认自己每天早上都要思考很久白天要穿什么。褪去了激情，更多的是缜密思考。毕竟她已经到了足够理智的年纪。

／ 皮革制品及饰品项目组经理

她的生活必需穿搭显示了她地地道道的巴黎女人身份：一件复古巴宝莉（Burberry）风衣，一件网购的天蓝色毛衣，一件袖子已经有些磨损的圣詹姆斯（Saint James）条纹衫，几件她总是放在手边的父亲穿旧不要了的衬衫，还有一件赛琳（Céline）的奢侈品双面羊绒大衣。她的设计灵感通常来自旅行，那些20世纪60—80年代的老电影也常给她启发。她的偶像包括亲戚、朋友、公众名人或者是一些穿着“故意有些怪异”的陌生人，沙琳愿意用这种方式来“解读时尚”。在沙琳身上有着很多难以用文字描述的特质，她有时略带一丝疯狂的冲动，有时散发出简单精致的迷人魅力，特有的灵巧和独特的吸引力，就是沙琳留给我们的印象。

沙琳的推荐清单

最喜欢的品牌

Prada，Céline，Christophe Lemaire，Loewe，Hermès，Maison Martin Margiela-époque Martin，Jacquemus，Coperni，Paco Rabanne.

实体店

Broken Arm：咖啡很棒！地址：巴黎第三区Perrée 街12号。

Christophe Lemaire：地址：巴黎第三区Poitou街28号。

Saint James：地址：巴黎第七区Cler街44号。

Cire Trudon：地址：巴黎第四区Sainte-Croix-de-la-Bretonnerie街11号。

Le Bon Marché：地址：巴黎第七区Sèvres街24号。

网　购

Net à Porter：必备之选。

Opening Ceremony：美国知名的潮店。

La Garçonne：提供有创意的选择。

Vestiaire Collective：可以买到实体店售罄的商品。

Maryam Nassir Zadeh：小众时尚品牌。

文　化

Comme un Roman：地址：巴黎第三区Bretagne 街39号。

OFR：地址：巴黎第三区Dupetit-Thouars街20号。

Vidéoclub du Marais：地址：巴黎第三区Poitou街6号。

毕加索博物馆：地址：巴黎第三区Thorigny街5号。

散步场所

国家档案馆公园：地址：巴黎第三区Francs-Bourgeois街69号。

植物园：地址：巴黎第五区Cuvier街57号。

咖啡店

Saint-Gervais：地址：巴黎第三区Vieille-du-Temple街96号。

餐　厅

Café Breizh：地址：巴黎第三区Vieille-du-Temple街109号。

Clown Bar：地址：巴黎第十一区Amelot街114号。

Les Enfants Rouges：地址：巴黎第三区Beauce街9号。

Miznon：地址：巴黎第四区Écouffes街22号。

花　店

Olivier Faraoni：位于红孩子市场（le marché des Enfants-Rouges）中心位置。地址：巴黎第三区Bretagne街39号。

安妮·夏洛特

设计师

ANNE
CHARLOTTE

ANNE CHARLOTTE

安妮·夏洛特

设计师

我们现在来到一座美丽的奥斯曼式建筑的六楼。这是一座人们梦想中的巴黎建筑，位于里尔街上，距离奥赛博物馆只有几步路。透过多扇玻璃窗，一个个镀锌屋顶构成了若干微矩阵，映入眼帘，从窗前能看到巴黎这座“光之城”的掠影，我们来到了一个地道巴黎女人的宜人住所。

英国时光

得益于一个钢琴家祖母和一个有着很高艺术敏感度的父亲，安妮·夏洛特自幼便受到周围艺术的熏陶，从小时候学习绘画开始便有了踏上艺术之路的苗头。当她走到人生的十字路口，需要选择自己的方向时，一切就都自然地发生了：她一路穿越过英吉利海峡，从法国去往英国中央圣马丁艺术与设计学院（Central Saint Martins College of Art and Design）学习。作为世界上最著名的艺术和时尚类学校之一，这所传奇学府培养出了卢西安·弗洛伊德、彼得·布莱克、斯特拉·麦卡特尼、菲比·费罗、约翰·加利亚诺、亚历山大·麦昆等诸多优秀艺术家。

一个职业，多种可能

设计师这个职业是多元化的，在这一点上，安妮·夏洛特就是个活生生的例子。她先是在制鞋商布鲁诺·弗里索尼（Bruno Frisoni）那里短暂工作了一段时间，之后阴差阳错进入泳装和内衣行业工作了几年。在这里，她师从刚刚任命的内衣品牌丹丹公主（Princesse Tam Tam）的艺术总监Capucine Puerari，开始走上了时尚之路。安妮在这里花了近三年的时间来做她理想的工作：自主创作又无须管理产品发布，也没有强

制要求建立数据表。她沉浸在纯粹的创造中，她的工作内容包括根据情绪板来确定总主题和图片主题、设计主要产品色列和草图、对材料的筛选和改进等。“我从Capucine身上学到了很多。她是一个有品位、有远见、引人注目的女性。”

直到现在，安妮一直都在一些小众品牌工作，为了寻找新的发展机会，她萌生了到大舞台一展才华的愿望。在行业巨头艾格内衣

（Etam Lingerie），安妮找到了她职业的另一种新的可能：在这里，设计被放到了产品开发之后，居于次要位置，工作大多时候是在万分紧急的情况下赶出来的，与供应商之间的洽谈往往要跑去地球的另一端进行。“我以前从未设想过能来到艾格工作，我自身的风格与企业并不完全契合，但对我来说这是一个极具战略意义的选择。在这里我需要根据市场的实际情况和生产成本来进行整体管理筹划。工作中最重要的一点就是适应环境……这是Uxoa Inarra教会我的，她是艾格的品牌设计总监。”

“去评判别人的品位好不好其实是件挺自负的事情。大家都很敏感，也都有各自不同的表达方式。我喜欢时尚，我认为这是一种很好的自我愉悦的方式。不过，如果有人非要问我坏品位是什么，我会回答说是让我发笑的东西，而至于那些极好的品位，有时候也可能是让人讨厌的。”

接下来安妮的职业领域又有了新的跨越。她离开了内衣行业，在娜丽罗荻（Nelly Rodi）工作室短期工作了一段时间，在这里她参与的是时尚趋势手册的编辑工作。

与此同时，安妮也试着接触图片和广告设计。事实上，“让设计在纸面上呈现出来”这项任务要比想象中困难很多。“当然，要想获得一些灵感和产品手册也是要付出体力劳动的：需要大量采购，这项工作一开始看起来可能还不错，接着在很短的时间里背包和衣服口袋都被各种品牌资料装满，而且拍摄计划很可能在最后一刻被取消。广告设计一旦完成，就要印制在每一件物品上，然后再把大部分借来的服装返还……当然啦，我很开心自己尝试了这个领域的工作，而且跟一些特别出色的女孩成为同事。”

圣日耳曼区设计师

对于一个在圣日耳曼区长大的人来说，在乐蓬马歇百货公司（Le Bon Marché）探寻职业道路也可以算得上回归本源。在充满活力、历史悠久的左岸，安妮是一个不绘图的设计师。在每一季开始的时候，她参与策划与流行趋势相关的主题活动。她陪着买手们选择系列产品，去寻找新品牌，与专柜和限量版系列进行合作，并参与产品评估与商标一致性的沟通与讨论。在产品正式上线之前，需要始终保持敏锐的嗅觉，时刻关注社交圈的新鲜事物。所有这一切的目的在于通过限量发售来激发顾客的强烈购买欲。

安妮现在继续参与着她作为时尚造型师的活动，其实是为了更好地投身到自己的项目中去，

这些项目是她精心挑选出来的，她对此雄心勃勃：协助*Nouvo*设计项目的开展；经营一家名为styledesignart的网上商店；创建一个融合Etsy和Facebook的创新网站，这个网站可以让学生们在线上展示他们的作品，而不用跑去画廊参展；同时还参与一个规模浩大的古典作品展览项目。

古典天分

安妮太熟悉古典主义了。她常常光顾德鲁奥（Drouot）和艾德（Artcurial）拍卖大厅，在一些拍卖会上淘淘旧货。她兴奋地拿出最近在伊夫圣罗兰（Yves Saint Laurent）特卖会上淘到的两件衣服和一条关西（Kansai）的连衣裙展示给我们看，她想将这条裙子“搭配一双耐克（Nike）运动鞋来穿”；她从满满当当的衣橱里翻出一件漂亮的由马克·博昂设计的迪奥（Dior）晚礼服，一条从德鲁奥（Drouot）拍卖会上带回来的金丝绒短裙，还有一件巴黎世家（Balenciaga）的条纹衫，这些衣服虽然看起来都有些年代了，但又很有现代感。“当大家的风格渐渐趋同的时候，我觉得复古的装扮能让人从人群中脱颖而出。”这种思想也在她的室内装潢上表现得淋漓尽致：她家里摆着夏维尔.·威尔汗的孔雀雕塑作品，诺尔曼·彻纳设计的椅子，以及皮埃尔·让纳雷设计的扶手椅，等等。当安妮谦虚地说她虽然疯狂地喜爱小物件但缺乏装饰才华的时候，我们当然不会相信。

“很多年轻人都梦想进入时尚圈，但其实这是一个很难进入的行业，需要经过选择和考验才能加入。这同时又是一个复杂的圈子，在这里你必须要有广泛的社交圈，你需要不断努力并且能接受一份低得可怜的薪酬，至少在起步的时候是这样一种情况。在这里很多时候是跟奢侈品打交道，只要你有热情、想法和毅力就能在这个圈子里游刃有余。有时候想太多反而无用，你需要去争取机会。”

时尚艺术家

当我们可以拥有多种风格的时候，为什么要把自己局限在同一种风格上呢？安妮坦承自己是个喜欢变化的人，可能今天还穿着高腰牛仔裤和条纹衫，明天就换上了豹纹短裙，而她的工作方式和她的穿衣风格一样富有创造性。她喜欢在设计稿旁边的留白处勾勾画画，她的专业文件里面也总是夹着很多小的便签。她从书中、杂志中、马路上汲取创作灵感：作为一个时尚艺术家，她总是把看到的图片收集到她的视觉记忆里，凭借自己受过专业教育的双眼来捕捉一切美的事物。她有什么永远不会过时的穿搭秘诀呢？应该就是高质量的经典款搭配一点点大胆的设计：伊夫圣罗兰（Yves Saint Laurent）流苏格子大衣、针织衫、带网眼的普拉达（Prada）连衣裙、印度刺绣短裙、绿杏仁色皮草、印花丝绸和服、条纹手袋……

鞋子控

“不管你的衣服怎么穿搭，一双漂亮的鞋子绝对可以改变一切。鞋子也是我打量一个人的时候首先关注的一点。”以上是这个疯狂“鞋子控”的原话，她拥有近100双鞋子。这里面包括：几双百搭的马吉拉（Margiela）海军靴、几双维维亚（Vivier）金色浅口皮鞋、一双皮埃尔·哈迪（Pierre Hardy）晚宴鞋、几双迷你唐卡（Minnetonka）鹿皮鞋、几双蔻依（Chloé）铆钉短靴，还有几双普拉达（Prada）平底编织芭蕾舞鞋。除此之外，她还有很多运动鞋，这可是运动健身保持体形的必备品，她最喜欢的几双鞋是耐克（Nike）、米奇纪念款范斯（Vans），以及匡威（Converse）和川久保玲（Comme des Garçons）的合作系列。

巴黎风韵

安妮认为巴黎女人的确有一种独特的风韵。比如露·杜瓦隆本人以及她复古、多变的风格，卡洛琳·德·麦格雷本人以及她兼具男性阳刚和女性柔美的风格。毫无疑问，伊夫圣罗兰也是一个典型代表。“当我们去国外旅行的时候，才真切意识到巴黎女人们的穿着确实讲究。就好比伦敦女人是比较有趣的，但她们可能对保持外表的美观不是很擅长。”巴黎风韵是一个整体，是一种生活方式，或者说是一种态度。当我们感受到安妮与生俱来的魅力的时候，我们更是对这一点深表赞同。没错，风姿绰约的巴黎女人确实存在，安妮就是其中之一。

“设计师应该有开放的头脑，他们有能力处理许多事务。打通设计和其他领域工作的关系是很有趣的一件事情，这让我们感觉仿佛拥有多种人生。”

安妮·夏洛特的推荐清单

喜欢的品牌

Margiela，Céline，Christophe Lemaire：年纪越大越想拥有那些能经得起时间考验的衣服。

Valentino：我梦想中的品牌。

Roger Vivier：我喜欢他家经典的方扣设计。

Dries Van Noten：一个无与伦比的天才将布料和印花搭配得天衣无缝。

& Other Stories：一个当下流行的好品牌，价格实惠。

Sonia Rykiel：绝对支持他家的折扣产品。

Band of Outsiders：喜欢他家夏天的裙装。

经典必备单品

牛仔裤：Gap，Zara或者H&M。

Vanessa Bruno约纱裤。

黑色连衣裙。

条纹衫。

好看的外套：Fild’Or或Marrakech的摩洛哥棉夹克，Burberry风衣，Shirley Cheung酒红色羊绒大衣。

包：一个Céline的Trio系列包，一个Pierre Hardy包，丈夫送的一个老式Chanel针织包，30岁生日时父母送的一个Kelly海军蓝包。

Et Vous皮衣：我18岁时买来到现在一直穿着。

T恤衫：优衣库的米妮系列，Yvon Lambert画廊的David ShrigleyT恤。

收藏的店铺

Gabrielle Geppert：地址：巴黎第一区Montpensier长廊31号。

Pretty Box：地址：巴黎第三区Saintonge街46号。

La jolie garde-robe：地址：巴黎第三区Commines街15号。

Studio W：地址：巴黎第三区Pont-aux-Choux街21号。

Francine Dentelles：地址：巴黎第四区Ave-Maria街2号。

Puces de Saint-Ouen：巴黎的圣·图安跳蚤市场。

Chez Sarah：位于le Passage市场，地址：Jules-Vallès 街18号。

Saint-Ouen Falbalas：位于Dauphine市场，地址：Rosiers街140号。

Sur le web：网址：etsy.com。

Yoox vintage：网址：www.yoox.com/fr/project/vintage。

Resee：网址：www.resee.com。

常去的餐厅

La Laiterie Sainte-Clotilde：地址：巴黎第七区Bellechasse街64号。

La table d’Aki：地址：巴黎第七区Vaneau街49号。

Tan dinh：地址：巴黎第七区 Verneuil街60号。

Oenosteria：地址：巴黎第六区Grégoire-de-Tours街40号。

Blueberry：地址：巴黎第六区Sabot街6号。

Kunitoraya：地址：巴黎第一区Villedo街5号。

Saturne：地址：巴黎第二区Notre-Dame-des-Victoires街17号。

Aux Deux Amis：地址：巴黎第十一区Oberkampf街45号。

Hibou：Senequier果仁夹心糖给我甜蜜的罪恶感。地址：巴黎第六区奥德翁剧院十字路口16号。

MORGANE

摩根

SÉZANE品牌创始人

MORGANE
摩根

／ SÉZANE品牌创始人

SÉZANE这个单词其实是由姓氏的前几个字母和名字的后几个字母组成的，来自Morgane Sézalory，这一先锋品牌身后优雅精致的法国女人的名字。SÉZANE是一个完整的组合词，带一点含义丰富的谐音，给人一种才华横溢的年轻女子的感觉。

自由，才华，机遇

摩根的职业生涯始终置于自由的穹顶之下。放弃创业之后，她选择重新规划自己的人生道路，凭借自己的本能在人生的每个十字路口都朝着正确的方向前进。

这一切始于12年前。为了在中学毕业考试中拿到几分附加分，她作为自由候选人，选择进修造型艺术。受家庭因素的影响，她本来被寄希望于从事学术研究，仿佛她的人生道路就此写定。她选择进修造型艺术时并没有考虑到家庭因素，对她来说这是自己感兴趣的一个方向，这个选择在很大程度上决定了她后来的职业发展。由于对摩根的语言表达能力印象深刻，评委们建议她慎重思考自己的发展方向，他们觉得摩根有与生俱来的艺术创作天赋。这份表扬让她有些飘飘然，摩根随后给了自己一年的时间来重新规划自己的人生。“我开始寻找艺术类的学校，但我不明确到底要专修哪一方向，看起来学科的小门类都特别分散。我性格本身有务实的一面，愿意脚踏实地去做事，我特别希望自己的选择能具象一些。同时我也深知自己想求得经济上的独立，而不是成为一个付不起房租的穷酸艺术家。”

也是在这个时期，摩根的姐姐去了伦敦，留了几个装满旧衣服的行李箱让她帮忙处理掉。一只手拿着旧衣服，另一只手拿着相机拍照，摩根开始把旧衣服放到eBay上去卖，这一下子激发了她的兴趣，于是她不断尝试在网上倒卖旧货的小小冒险。但这些复古的物品仅此一件，这很快就让摩根感到挫败，于是她决定挑选一些自己设计的东西来卖，因此她的第一个个人网站诞生了，取名为“组件（Les Composantes）”。这个名字的灵感来源于摩根在创作或者收集宝贝时感受到的快乐。

SÉZANE的魔力

“当你自学成才的时候，最难的其实是相信自己。时至今日我已经成长起来，也终于担起了设计师这个头衔。我觉得在创立SÉZANE之前经历的人生对于我个人来讲都是学习和成长的经验。”摩根谦虚地说道。

到2013年，摩根的职业生涯再次明朗：她关掉了自己的“组件”网站，也不再研究那些小古董，一个新的宇宙正在描画，这是一个更自由、更空灵的领域。摩根创立了SÉZANE，它是第一个开展线上专营的法国品牌，摩根和她的同事都在悉心运营确保不偏离这一目标。SÉZANE成功的关键是什么呢？就是运营良好的客户关系，在一点点小事上也会给客户提供最完善的服务，这是实体店远远做不到的。

把办公地点放在家旁边，SÉZANE公寓算

是一个新型的办公场所，它将理想的生活空间和商品陈列室完美地融合在了一起：从eBay上淘来的长沙发、印着安托瓦内特色的花壁纸、Bethan Gray设计的桌子……如果要用一个词来形容它，那就是“完美”。在我们采访期间，一个忠实的顾客通过社交网络的邀请上门造访，想来看一下最新季的衣服。“这个地方就是给那些喜欢这个品牌但在网上订购不到的

顾客准备的。网络品牌最大的挑战就是不具备实体店的体验感。现在人人都上网，我们就尝试逆其道而行之，我们也承认我们的不同。我们想把这种店铺模式当作一种体验，一种使品牌有所差异化的附加手段。”摩根解释道。

SÉZANE的魅力在摩根本人身上也有所体现：SÉZANE是她的一切，是她孕育的生命，也是她自己。摩根每天从上午10

MORGANE

摩根

／ SÉZANE品牌创始人

“我从生活中汲取灵感。我喜欢欣赏和设计那些让女性穿上后看起来很不错的衣服，这些衣服适合日常生活。衣服其实也能表露一个人的心迹。”

“作为一个公司的领导者，必须明确哪些事情是你需要亲自处理的，剩下的事情其实可以交代给其他伙伴完成。学会将任务分配下去、懂得用好自己信任的人是公司生存不可或缺的条件。”

时工作到晚上8时，但她认为她只付出了1/10的精力：管理产品设计工作，监督生产，特别留意采购、供应商选择和产品质量问题，负责图片选择和对外公关，掌管公司大大小小的一切事务。她带着满满的诚意，不用任何预设的策略，自然地打理着自己的事业。2013年，一个得力的商业合作伙伴Corentin Petit加入进来，在他的鼎力协助以及所有“船长”的共同努力下，SÉZANE像一艘顺利运行的航船，不断驶向蒸蒸日上的明天。

毫无疑问，SÉZANE的成功同样归功于摩根本人的活泼性格，她能很好地将实用主义、创造性、诗意和创新精神完美地融合在一起。

摩根的时尚信条

摩根自觉地将自己的学识融入她的时尚观念里。对她来说，衣服代表了整个社会的发展状况，而时尚则是世界的反映。但她从不会对任何一种风格妄下评论。她所欣赏的风格往往会随着情绪、天气、背景或是时间的推进而有所改变。“人越成长，能感知到的东西就越多。风格其实就像是在创造一个让人感觉良好的环境，在这个环境里我们可以尽情地去做自己，透过衣着我们甚至能够抛掉原来的自己。”她理智地说道。她从不否认在她的衣橱里有一些卓尔不群的衣服，这些衣服能给她带来一种愉悦感。比如几件自己参与设计的SÉZANE的衣服，几件库雷热（Courrèges）的衣服和伊夫圣罗兰（Yves Saint Laurent）的复古风衣服，还有吉安维托·罗西（Gianvito Rossi）的浅口皮鞋等，她从来不会冒险地随意穿搭。“荒诞的想法有时会给人一种距离感。因为职业的关系，我总是感到很充实，我更愿意保持清醒，这是一个万能法宝。”她继续说。摩根的魅力显露于举手投足之间，她的细腻不言而喻，她对女性气质的把握是微妙而又恰到好处的：化淡妆，更在意细节，女儿出生时收到的戒指她一直戴着，还有一些精心挑选的单品——精致的牛仔裤、漂亮的白衬衣、短裙、皮鞋。这就是摩根的日常装扮原则。从这些简单又出众的基本款出发，摩根凭借自己过人的穿搭天赋，总是能从人群中脱颖而出。

摩根的推荐清单

灵感来源

书 籍

时尚杂志、小说、展览目录、摄影书籍……我的公寓和办公室里满满的都是书。我把这些书分类摆放，摆在书架上或者堆在矮桌上，确保能随时找到。

电 影

韦斯·安德森执导的电影中的色彩；戈达尔执导的电影中女主人公的魅力；《朱尔与吉姆》中让娜·莫罗的形象。

摄 影

Ryan McGinley（摄影师）作品中原始和狂野的美。

绘 画

对马蒂斯作品颜色和形式的研究，在伦敦的一个专题展览中重新发现。

生 活

我天生对人感兴趣，总是在探寻周围的新鲜事物。

店铺推荐

饮料/午餐/晚餐

Pan：气氛很好，西西里菜。地址：巴黎第十区 Martel街12号。

Berthillon：冰激凌很棒。地址：巴黎第四区Saint-Louis-en-l'Île街31号。

Thoumieux：全天营业，好吃又温馨。地址：巴黎第七区Saint-Dominique街79号。

L'office：食堂建在房子的最底层。地址：巴黎第九区Richer街3号。

We are Juice：每天都有鲜榨果汁。地址：巴黎第二区Jeuneurs街34号。

Septime：环境和口味都很好。地址：巴黎第十一区Charonne街80号。

La Brasserie du Plaza：星期六午餐时间可以来一顿大餐休息一下。地址：巴黎第八区蒙田大道21号。

Pizza Chic：非常好吃的比萨，可以与闺密在此回忆青春。地址：巴黎第六区Mézières街13号。

Huabu：中餐，可以外带。地址：巴黎第九区Faubourg-Poissonnière街67号。

Caffé Stern：非常漂亮的小店。地址：巴黎第二区Panoramas大街47号。

购 物

Le Bon Marché：一站式购物之选。

Les Puces et eBay：可以淘到二手货。

SANDRINE

桑德里娜

记 者

SANDRINE

桑德里娜

/ 记者

桑德里娜跟文字打交道，文字就是她的战场。作为一个记者，她以精细、灵巧的方式来处理文字，正如打造自己的风格一样。与这样一个时尚和珠宝的狂热爱好者会面，让人生发出一种在表象之外挖掘深层艺术的欲望。

隐秘工作室

Amour酒店、Rose面包店、Marlette咖啡馆……一长串时髦的地址，都是些夜猫子们聚集起来进行节日庆祝的场所，大家理想中的宴请宾客的地方。毫无疑问，我们现在在的地方就是SoPi——全称是South Pigalle（南皮加勒，位于蒙马特尔），可能SoPi的名声更响亮一些，这个缩写是受纽约人的启发，用来表示一些神圣的地点。

这里离热闹的殉道者街（Rue des Martyrs）只有几步路远。桑德里娜的家在一条安静的断头巷子里，巷子的尽头是一个废弃的怪面饰喷泉。她的公寓在一座有点过时的建筑的顶楼，那里以前是个车间。房子是复式的，阳台上生长着小灌木，落地窗从地面直接连到天花板……这里像是一个沐浴在阳光中的避风港湾，是坐落在都市正中心的宁静宝地。从进门开始，我们的视线就被各种好看的小物件所吸引，房间里到处都摆着装饰品。整体的色彩及构图有些激进，但很精致：客厅墙上的蓝色油彩是主色调，构成了夸张的背景板，衬托了墙面上方的全家福照片。在这旁边是纯黑色的楼梯和地板，突出了色彩丰富带印花图案的家纺和家具。一张粉红色的长沙发和一张罩着植物织品的Hugues Chevalier艺术装饰沙发相对而放，中间是一张India Mahdavi矮桌，上面堆满了杂志。旁边有两张Lady de Zanuso扶手椅还没来得及装饰，椅背上放着纺织物的样品。房间里到处都是艺术类、时尚类、珠宝类的书籍。书整整齐齐地摆放在客厅及走廊里的书架上，或者按颜色排列在地板上的工作空间里，这些书是房子主人艺术灵魂和无尽好奇心的最好证明。

从图片到文字

“有些事情发生过，但你并不知道它从何而来……”桑德里娜就是这样回忆她的童年生活的。她的童年远离时尚世界，但她却一直都有涉足这一领域的想法。她年轻时就喜欢翻看乐都特（La Redoute）的产品目录，报考大学时，她终于带着心中还不成熟的想要进军时尚圈的梦想

SANDRINE

桑德里娜

／ 记者

“我不喜欢做管理工作，也不喜欢办公室生活。我需要去讲话、去采访，不断地学习并充实自己。”

来到了首都巴黎。她早有直觉自己不会成为一名设计师，但当时也没想过会从事与文字相关的工作。大学时桑德里娜读的是语言学，接着又攻读了商学院学位，在新闻办公室的实习经历开启了她的职业生涯。在该领域的先驱米歇尔·蒙塔涅那里工作后，她开始接触一些时尚名人，每次看到辛迪·克劳馥或者娜奥米·坎贝尔经过的时候，总是惊喜万分。“这是一段美妙的经历，但这并不是我分内的工作。”她解释道。对桑德里娜来说这是一次不错的尝试，但并没有彻底改变她的人生轨迹。她的第二次经历是在《世界时装之苑》（*ELLE*）工作，在这里她先是担任助理设计师的职务，接着又与时装主编卡洛琳·德法耶特一起负责《新闻与附件》版面的工作。她在这里学到了许多，也逐渐意识到自己并不适合承担设计照的拍摄工作。

接下来聊聊她的写作生涯。桑德里娜与文字的结缘归结起来有两个阶段，一个简单的关键词是“Oui”（法语中是“是”的意思）。她在一本同名的婚礼杂志上第一次发表了自己的文章。与此同时，她写的一篇关于维克多·卡斯特兰的第一季迪奥（Dior）珠宝系列的评论文章吸引了设计师本人的注意，而这一季珠宝的

主打恰好是一枚印着“Oui”字样的婚戒。维克多·卡斯特兰因此订阅了刊载有这篇文章的这本杂志。紧接着她又在《回声报》上发表了一篇谈论时尚和珠宝的评论文章。随着发表的文章越来越多，桑德里娜的创作速度也在不断加快，她发表了许多精彩的连续性评论文章，开始进军高级成衣时装领域。很快，她精彩的文字就陆续出现在了《费加罗夫人》《法航女性时尚》《快报》《回声报》等报纸杂志上。

“我没办法想象自己只从事一份单调的工作。我喜欢很多事情交织、重叠在一起。”桑德里娜巧妙地将她作为记者和顾问的两种身份结合在一起。除了写文章、录制视频之外，她还与品牌供应商在新闻通稿、公告、营销策略和市场调研等方面通力合作。作为一个真正的自由职业者，她始终自由自在并愿意一直保持这种状态。“我不喜欢做管理工作，也不喜欢办公室生活。”她解释说。她想要从这份职业中得到的是不断地学习、采访、与行业中的从业者进行亲密交谈的经历，而最重要的就是保持自由。“我没有一种所谓的典型的日常工作状态，而这也正是我想要达到的目的。”她接着说。她喜欢与受访者共进午餐，这样可以达到一种极为私密的一对一的联系状态；而且她喜欢在家工作，坐在露天的办公室里写作能让她真切地感受到时间的流动和真实的个人生活。她非常珍视自己的这种自由。为了进一步保持这种自由，她开创了个人网站，取名为The French Jewelry Post，她喜欢在网站上表达自己的想法，并顺带记录自己的感悟。

色彩魅力

桑德里娜对于时尚的解读并不简单。她对这一领域的研究是深刻且极富洞察力的。在她看来，有一些品牌目前已不再适合欧洲消费者，应该输送到其他有相应购买力的海外市场。超级营销的构想和近乎疯狂的上新节奏已经破坏、改变了时尚本身，时装表演已经慢慢失去了趣味，但这也没关系，旧事物会被再次利用起来，我们需要重新挖掘历史、发掘宝藏，重要的是抓住特殊事物。

桑德里娜的着装风格也有类似的倾向。太多的怪癖和好奇心使得她对于简约的要求变得更加尖锐，对她来说，简单并不意味着什么都可以。

需要再次强调的是，她的审美是精确的，她对于着装的选择有一种严谨的敏锐。她的常见穿搭是怎样的呢？一件从优衣库（Uniqlo）购买的白衬衫，一条黑裤子。裤子特别合身，是她去纽约采买时在希尔瑞（Theory）店里买到的。在约瑟夫（Joseph）品牌店里她发现了一件很相似的替代品。如果天稍微冷一些，她会穿多一件简单的低领黑色毛衣，毛衣是纯羊毛质地，是她从一家不起眼的小店购买到的。为了避免这一身黑白色穿搭过于单调，她会搭一双Church's的有些花饰的短靴或是赛琳（Céline）的豹纹拖鞋。她通常穿一件赛琳（Céline）的男款大衣：

SANDRINE

桑德里娜

记者

“当菲比·费罗加入赛琳（Céline）后，终于满足了我对于时尚的所有期待。我买了很多东西，包括一件无袖的燕尾服、一件有花纹装饰的短上衣、一个有三个口袋的手包和一个总是带在身边的手提包……”以上就是她的经典穿搭。性别界限虽然有些模糊，但从未被抹去。她喜欢简约主义，而没有陷入冉森教派主义。她有一个彩色的高大衣橱，里面有各种不同款式的衣服：布满鹦鹉图案的缪缪（Miu Miu）粉红色衬衫、华伦天奴（Valentino）的格子羊毛衫……这些衣服与她房间的五彩瓷砖相得益彰。晚上外出时她通常穿一件赛琳（Céline）的连体裤或者最近量身定制的帕拉斯（Pallas）西装，脚上穿一双芬迪（Fendi）的高跟鞋，有些正式又不至于太过少女。

既定风格的选择、稍带男孩子气的魅力、些许怪诞中透出的清醒，桑德里娜的穿搭风格将她的个性表现得淋漓尽致。

SANDRINE

桑德里娜

记者

桑德里娜的推荐清单

最喜欢的五件单品

赛琳（Céline）克龙比大衣。

普拉达（Prada）粉红色大衣。

华伦天奴（Valentino）小丑图案毛衣。

赛琳（Céline）豹纹拖鞋。

帕拉斯（Pallas）西装。

必备配饰：一个黑色的带肩带的赛琳（Cé-line）小包。

时尚偶像：戴安娜·弗里兰（Diana Vreeland）。

最常穿的衣服：白衬衣。

店铺推荐

珠宝类

Au Vase de Delft：地址：巴黎第一区Marché-Saint-Honoré街2号。

Maison Marc Auclert：地址：巴黎第一区Castiglione街10号。

时装类

Olympia Le Tan：地址：巴黎第一区Petits-Champs街5号，两个亭子之间。

À New York：Stubbs&Wootton拖鞋店。

Céline：地址：巴黎第八区蒙田大道53号。

Prada：地址：巴黎第八区Faubourg-Saint-Honoré街6号。

Valentino：地址：巴黎第八区蒙田大道17/19号。

Uniqlo：地址：巴黎第九区Scribe街17号。

Joseph：地址：巴黎第六区Saint-Germain大道147号。

Church's：地址：巴黎Saint-Honoré街229号。

装饰类

Galerie Gustin：地址：Saint-Ouen跳蚤市场。

Muriel Grateau：地址：巴黎第七区Beaune街37号。

Compagnie française de l'Orient et de la Chine：新开店铺。地址：巴黎第七区Raspail大道10号。

伦敦推荐

Liberty：位于顶楼，销售复古面料和家具，如英国知名家具品牌House of Hackney。

周边商铺

Rose Bakery：地址：巴黎第九区Martyrs街46号。

Bioe Bon：地址：巴黎第九区Pigalle广场9号。

Hôtel Amour：地址：巴黎第九区Navarin街8号。

Sobane：韩国餐馆。地址：巴黎第九区Tour-d'Auvergne街5号。

Pizzetta：地址：巴黎第九区Trudaine大道22号。

摩 根

模 特

MORGANE

MORGANE

摩根

模特

身处2000年以来模特不断更新换代的潮流中心，摩根生活在一个相对封闭的小圈子里。她有着修长的身材和一张纤细柔美的脸。摩根是个不可多得的美人，出落得近乎完美。

做模特？不，谢谢

青少年时期，摩根只是远远地追随时尚，摆姿势拍照片完全不是她的梦想。相比之下她更喜欢哲学课程，大家可以在课上无休止地讨论，试图用青春的热情来重塑世界。她像一棵小树苗在地中海沿岸茁壮成长，16岁那年第一次受邀参加传奇的世界精英模特大赛，她受宠若惊，婉拒了这一邀请。“我对自己的外表并没有什么概念。我那时总是以学业为重，我想接受高等教育，然后找一份正经工作。”摩根回忆说。她像什么都没发生一样，回到学校继续学习。中学毕业考试很快到来，她在众多的可能性中选择了医学专业。通过第一轮考试

之后，她还是放弃了这一决定：她觉得医学并不适合自己。她转而报了巴黎文科预科一年级的课程，在正式开学之前有6个月的准备时间。经过若干次的沟通争取，她终于成功说服母亲让她远赴巴黎，开始新的生活。代价是什么呢？她得利用这半年的休假来工作。于是，摩根开始干一些小活计——女服务生、前台接待，这是年轻人来到首都之后的必经之路。

迈出第一步

随着建议她去尝试进军模特业的声音越来越多，摩根终于迈出了这一步，签约了麦迪逊的工作室。她先接了一些牙膏广告的商业拍摄，但并没引起较大的反响，后来发生了两件事情扭转了这一局面。其中一件事情是经纪人给她安排了一次山本耀司（Yohji Yamamoto）的拍摄。这个年轻的法国女孩一下子吸引了这位日本设计大师的目光，摩根的职业生涯由此开启了新的篇章。“我感到超级自豪。我的母亲非常喜欢时尚，她对这一领域也有很独到的见解。多亏了她，我对山本耀司（Yohji Yamamoto）早有耳闻。”另外一件具有标志性的事情是，

麦迪逊的工作室做不下去之后，她把摩根引荐到了Viva工作室，这是巴黎最好的工作室之一。在这里，摩根终于接触到了适合自己的工作，但过程并不容易。“跟一群1.85米、金发碧眼的大高个丹麦女孩混在一起，我不由地问自己到底能做什么，我感觉很不自在。”当拍摄变成更私密的一对一的形式之后摩根才慢慢放松下来，这下结果就显而易见了：她一下子获得了米兰知名设计师品牌吉尔·桑达（Jil Sander）的特选，这对年轻的模特来说算得上是最好的跳板了。紧接着她就有了新的身份，越来越多的品牌向她伸出橄榄枝：同一季的时间，她参与了香奈儿（Chanel）、迪奥（Dior）、亚历山大·麦昆（Alexander McQueen）和浪凡（Lanvin）四场秀。短短几个月时间，摩根一炮而红，攻读文科预科班的计划很快被她抛到了脑后。

尘埃落定

时装表演是一个很好的展示平台。一整季的精彩表演结束之后，就到了出版社忙碌的时候了：杂志社争相刊登秀场照片，然后零零散散的，*VOGUE*开始在头版用最醒目的字体来评论当季时尚系列。接下来的时间，作为职业成功的一个标志，摩根的硬照出现在各大知名广告公司的宣传册上：史蒂文·梅塞为她拍摄了杜嘉班纳（Dolce & Gabbana）的广告、尼克·奈特为她拍摄了迪奥（Dior）的广告。后来她也参与了几年维多利亚的秘密（Victoria's Secret）的走秀。当被邀请加入内衣品牌有名的、相对封闭的内衣天使（Anges）圈子时，摩根惊呼那里门槛太高，自己根本不可能被邀请，一定是搞错了："我有一种被欺骗的感觉。内衣天使需要超乎常人的自信，还好事实证明我做得还不错，因为我们连续合作了好几季。"

摩根的模特之路就此开启，她的命运确实也发生了改变。她就这样被卷入时尚的浪潮中，开始了匆忙多元的生活。短短几个月的时间，这个年轻的法国姑娘就以全世界为家。一个星期之内，她可能要先飞到纽约，再到东京停留片刻，接着在洛杉矶醒过来，最后终于降落到巴黎。日子飞速闪过，每一天都不尽相同。当然，她也会参加一些成衣的时装秀。"到时候我们可能要从早上5时一直工作到凌晨2时，从一个秀场赶到另一个秀场，中途需要不停换衣服，可能每天只能吃几颗马卡龙来充饥……这太让人疲惫了，皮肤和头发都会受到损伤，不过，经过一个半月疯狂的忙碌，再减掉5公斤体重，一切结束后就可以领报酬了，这还是很让人开心的！"这中间有很多珍贵的时刻，她都像珍宝一样保存在自己的记忆

中。比如那些享受高级时装特权的神圣时刻，一件限量版礼服在她身上重获新生的神圣时刻，以及展示设计师巧手之作的神圣时刻。她也一直记着自己与戴着红色假发的让·保罗·高缇耶一见如故的瞬间，当然，还有麦昆（McQueen）时装秀的魔力，在那场秀上她展示的是一件纯黑色如同裹尸布一样的长裙，在表演过程中有黑色颜料顺着她的头发流淌。

未来的计划

在过去十年里，摩根一直把模特业当作一种超出谋生工具之外的工作，直到她最亲近的母亲突然生病。摩根于是推掉了90%的通告，只接受上流品牌的邀请，包括迪奥（Dior）、高缇耶（Gaultier）和艾历克西斯·马毕（Alexis Mabille）。从一开始她就明白模特这份职业是吃青春饭的，于是她开始有意识地重新拾起之前中断的学业。“我喜欢读书，我当时身处紧急状态，我觉得必须为自己的以后考虑。”她重新进入艺术历史学院学习，并且从自身经历出发撰写了一篇关于当代艺术背景下的时装表演研究的论文。摩根正在进行下一阶段学习的准备：可能会攻读博士，然后去国外教书。她也想尝试一下“真实的工作世界”，毕竟对于她的模特职业生涯来说，这个真实的职场世界还是让人有些眼花缭乱的。对摩根来说，模特属于一种“伪职业”：它不是人主动选择的结果、不能通过主动学习来获得，它唯一的标准就是美，而这种美往往取决于一种独立的意志，而且有时难以界定。转行对模特来说其实是很难的。“当你已经有这么一个身份的时候，要如何转行呢？到处都是问题，我们甚至不知道要如何适应正常的职业生活、如何填写简历。而且还要接受这样的事实：之前赢得的一切往后我们将不再拥有，我们也不再是万众瞩目的焦点……不过，想到这些还是让人觉得很激动的。虽然我离开了自己熟悉的T台，毕竟这一行是属于年轻人的舞台，但我很庆幸自己拥有其他的发展机会。

工作实录

摩根从没有厌倦自己的工作。她至今仍记得自己第一次参与卡琳·洛菲德的拍摄活动时的手足无措，以及她与高缇耶初次会面时犯的错误。摩根回忆起与高缇耶合作的一次时装表演：她穿着婚纱走在台上，瞥见自己的母亲被这个喜欢开玩笑的设计师特地安排在了最前排的位置，而她当时跟母亲刚好闹了一些不愉快。

摩根对这个行业有着清醒的认识，她也经常听到一些议论：“这个姑娘吸毒啦、那个姑娘跟摄影师有不正当关系啦……是的，这些现象都真实存在，但幸运的是，这并不是行业准则。”在她看来，模特是时尚链的最后一环。“我们神采飞扬地出现在舞台上，而事实上观众看到的这一切其实已经准备了一年半甚至更久的时间。故事早在我们上台前就发生了，落幕后还会继续。而我们从一定意义上来看只不过是时尚的观光客。”这就是模特，也只有他们会出现在最后的硬照上。摩根认为，一个好的模特要能在一天时间内抓住观众的眼球，并且知道如何满足他们；要能将众多不同的评价合理地整合到一起，并

且为其增加价值。“我们就好像是一驾马车的后轮，而我们所要做的是让自己成为掌握主动权的马车夫。”总而言之，模特是一种职业。它需要独特的才能、不断地学习，既离不开先天的优良条件，也不能缺少后天的经验积累。

时装模特

因拥有完美的体型和贵族的姿态，摩根可以驾驭任何一件衣服。即便一件最不起眼的衣服，穿在她身上也能充满魅力；最粗糙的衣服，她穿起来也别有韵味。在成为模特之前，她觉得自己太高太瘦，当时她唯一的着装原则归结起来就是把自己包裹起来。这种低调的着装态度在她今天的穿衣风格上仍然留有痕迹。“连体短裙、毛皮大衣、高跟鞋，这些都是时装表演才穿的，在现实生活中我绝对不会冒险这样着装。”她说，“我有1.8米的个子，这已经不矮了，我不需要再穿高跟鞋来增加几厘米。”拍摄时的着装是超短裙、紧身裤、超高的高跟鞋，她把这些当作制服。在日常生活中她更倾向于简单随意的装扮，对名牌不感兴趣，她觉得穿搭更多的是为了吸引男性的目光而不是女性的嫉妒。在化妆方面，她特别赞同化妆师汤姆·费舍尔简单而有效的法则：“要么只画嘴唇，要么只画眼睛，从来不会两个一起画。”

受工作的影响，她保持了对美好事物的独特欣赏品位。“如果你参与过爱马仕（Hermès）的走秀，有幸近距离感受过它们的皮革质量，你也会很难满足于其他的便宜货。”鞋子也是如此，相较于不断购买质量低劣的鞋子，她更愿意每年只买一双美观又优质的好鞋——她中意的品牌是普拉达（Prada）、吉尔·桑达（Jil Sander）和阿瑟丁·阿拉亚（Azzedine Alaïa）。摩根也收集一些小众品牌的产品，通常是演出完主办方赠送的礼物。随着年龄的增长，她的这一喜好越来越明显：一双油光锃亮的吉尔·桑达（Jil Sander）短靴，几双马吉拉（Margiela）亮片马丁靴。“这些就好比我的舞鞋，我穿上它们就像在庆祝节日一样。”

这些年来，摩根在穿搭、造型、化妆方面都逐渐提高了自己的鉴别能力。她也慢慢掌握了材料的识别常识，知道自己适合穿怎样的衣服。她学会了突出自己的长处，直击要害。她百搭的身形为她化解了一次尴尬，在一次晚宴之前她陷入服装选择的困难之中：面前的那条罗兰·穆雷（Roland Mouret）的蓝绿色裙子，本来看上去跟她一点都不搭。“可是当我穿上它的时候，仿佛就是为我裁剪的一样，真让人叫绝！”

摩根的推荐清单

最喜欢的品牌

Alaïa：永不过时的完美设计。

Margiela：我喜欢这一品牌Martin时期的系列，也喜欢最新的Galliano系列。

Céline：菲比·费罗为这一品牌带来完美的复兴。

Jil Sander：经典与创新的化身。

Hermès：我最中意的包是从我母亲那里继承过来的修补过的老式Birkin系列，它装得下我所有的东西。

ACNE：10多年前在瑞典的一场演出中发现了这个品牌，从那之后我几乎只穿它家的牛仔裤。

店铺推荐

Yasmine Eslami：性感、精致、舒适的设计。地址：巴黎第一区Richelieu街35号。

Margiela：这里的服装、饰品、珠宝、装饰我都喜欢。地址：巴黎第一区Richelieu街28号。

Ami Paris：男装品牌，我在这家店选购夹克、大衣、衬衫……地址：巴黎第三区Beaumarchais大道109号。

Hermès：我来这家店通常有三个原因：给自己买香水（龙胆水）、赶在打折期选购好看的礼物（围巾、皮革制品），或者询问鸵鸟皮包的价格，如果价格不合适，扭头就走。地址：巴黎第八区Faubourg-Saint-Honoré街24号。

Dary's：二手珠宝商店。地址：巴黎第一区Saint-Honoré街362号。

童装品牌

My Moumout：有很漂亮的印花图案。网址：www.mymoumout.com。

Smallable：我怀孕期间在上面逛了很久。网址：www.smallable.com。

Stella McCartney kids：可以买到原创设计产品作为礼物。地址：巴黎第一区Valois长廊114-121号。

Anne-Claire Peti：可爱的绒毛编织童装。网址：www.anneclairepetit.com。

装　饰

Caravane：线条简单、高雅，布料种类繁多。地址：巴黎第四区Pavée 街6号。

Les Puces de Vanves：品种比Siant-Ouen跳蚤市场上的更杂乱，不过能淘到不错的物件。地址：巴黎第十四区Georges-Lafenestre大道。

Brocante Lab：天气太冷不适合去跳蚤市场时的首选。网址：www.brocantelab.com。

周边店铺

Marché Saint-Martin：地址：巴黎第十区Château-d'Eau街33号。

Le restaurant le 52：非常好吃。地址：巴黎第十区Faubourg-Saint-Denis街52号。

Yamamoto：我最喜欢的日本餐馆。地址：巴黎第二区Chabanais街6号。

Joe Allen：我常光顾的店。地址：巴黎第一区Pierre-Lescot街30号。

Cibus：贴心的意大利餐厅，口味很棒。地址：巴黎第一区Molière街5号。

Au bon Pho：从不让人失望的中国小餐馆。地址：巴黎第三区Maire街22号。

PÉNÉLOPE

佩内洛普

爱马仕复古与时尚艺术
部门经理

艾德拍卖行
ARTCURIAL

PÉNÉLOPE 佩内洛普

/ 爱马仕复古与时尚艺术部门经理

对佩内洛普来说，着装是一门艺术，一门展示个人魅力的艺术，并不仅仅关乎时尚。作为一个狂热爱好复古风并以此为职业的人，她欣然承认着装让人与众不同。她引用了奥斯卡·王尔德的话：“只有肤浅的人才不以貌取人。”

现实生活中的时尚

佩内洛普疯狂地翻阅各种杂志，拼命买来许多时尚书籍，不放过任何一场时装表演，对她来说，这些都是愉悦的消遣时光，也只有来到衣柜前面她才会停下来。“我喜欢时尚，因为它应该真实地存在于现实生活中，呈现在真实的女性身上。”她说。佩内洛普认为，时尚是一种工具，是她每天早上准备出门工作时不得不面对的现实问题；同时也是一件有力的武器，它能轻而易举地给人一种自信的感觉。

服装的学问

“我38岁了，我很了解自己，也知道什么才真正适合自己。”佩内洛普说。根据大师布朗卡特的说法，一种成功风格的关键在于突出自己喜欢的部分，即便是高跟鞋也能穿得舒适。何谓流行趋势呢？“我跟所有人一样，容易随波逐流。我很可能抵挡不住时尚现象的诱惑，但我通常只购入一件物品，仅此一件，而且我也很少拿出来穿。”而其他衣物一般都是按照她自己的原则购买，在服装方面她有很多自己的见地：不喜欢印

花（除非是圆点或者条纹），拒绝淡紫色的东西和凉鞋，倾向于凸显自己的腰身——通常选择腰带、丝带或者燕尾设计。她还有一个原则——双色调，比如在一件海军蓝色的打底衫上搭配一条玫红色的腰带，然后穿一双同色的鞋子与其遥相呼应。这其实涉及整体的平衡，而她总能高明地解决款式和颜色微妙搭配的问题。

复古主义

佩内洛普的衣柜里塞满了各个年代的宝贝。在她看来，20世纪70年代的圣罗兰左岸（Saint Laurent

"穿高跟鞋就像做美甲一样，就在一瞬间，你会觉得自己更强大了，仿佛长高了几厘米，人也会更加自信。"

Rive Gauche）与今天的川久保玲（Comme des Garçons）系列能够完美地搭配，一点都不夸张。几十年的发展将大胆、优雅两种元素搭配在一起。她可以无视时间的差异，将不同年代的款式无缝地结合在一起。

在所有具有年代感的收藏品中，她保留了一件伊夫圣罗兰（Yves Saint Laurent）性感又不失女性风韵的黑白礼服，同时她也承认自己驾驭不住20世纪70年代末的衣服，尤其是荷花袖、斗篷大衣以及出自伊夫圣罗兰这位天才设计师之手的俄罗斯革命风格（1976年7月，俄罗斯芭蕾舞歌剧系列）的衬裙。

她的标志性装扮是一个别致完美的发髻，这个发型能给人一种复古的美感，让人想到德加作品中的舞者或是莫奈作品里的人物。

便宜却又高贵

佩内洛普是一个狂热的低价时尚爱好者，她对于美的追求不会因为价格便宜而打折。"我们今天完全可以不用太过破费就穿得很好看。想要变漂亮不一定非得有钱。"她的职业使得她有机会在拍卖会或旧货市场寻找、挑选到心仪的服装。品牌从来不是她购物的标准，即便是一些大品牌，尤其像川久保玲（Comme des Garçons）和阿瑟丁·阿拉亚（Azzedine Alaïa），它们的名字本身就是高品质和精致裁剪的保证，所以总有一大批追随者。

“我对名牌包一点兴趣也没有，因为手里有不少，我觉得已经差不多了。”

包的挑选也是这个道理，尽管她的柜子里也有不少普拉达（Prada）手提包、香奈儿（Chanel）手包和爱马仕（Hermès）Kelly款包，但你更常见到她背一个简单的帆布背包就出门了。她自己也承认，在衣柜的最里头，她甚至放着一个破旧的路易威登（Louis Vuitton）手提包和一个快发霉的老式香奈儿（Chanel）包。

追求个性

专业的眼光让佩内洛普对产品的研究不仅仅停留在表面，她更愿意把手上的衣服按照自己的想法进行改造。“修改衣服算是我最大的爱好。”她说。裙子太长？她会把它改短。裙子太短？她会把裙边加长——这些年来她一直保留着不穿膝盖以上的短裙的习惯。衣服的比例通常也会被她稍做调整，袖子可能会被裁短，衣领或许会被她拆掉……“我喜欢这样做，这给我一种创造的快感，我会觉得这件衣服就是为我量身定做的。”

人靠鞋装马靠鞍

佩内洛普穿搭出色绝不可少的法宝是鞋子。她拥有的鞋数以百计，是个不折不扣的鞋子收藏家。年轻的时候她就对高跟鞋满怀幻想。她平时穿平底鞋的时间比较多，直到后来发现了猫跟鞋（kitten heels）的存在，这款只有5厘米高的高跟鞋既能凸显出漂亮的腿部线条，又能保证舒适感。她现在常穿的马克·雅可布（Marc Jacobs）浅口鞋或者伊夫圣罗兰（Yves Saint Laurent）的及踝靴就恰好印证了这一喜好。佩内洛普还有一个小秘密，即她通常会在淘来的廉价鞋子上系一个大蝴蝶结来遮住品牌名字。

时尚之路

作为有两个婴儿的年轻妈妈，佩内洛普喜欢从自己童年时的装扮中汲取灵感来设计孩子们的穿搭：灯笼裤、头发上的蝴蝶结和娃娃领是她小时候的基本款打扮，再大一点穿的是Start-Rite（英国著名童鞋品牌）童鞋和夏特莲（La Châtelaine）大衣。青少年时期，她不得不勉强自己穿校服，搭配母亲挑选的Bonpoint（法国著名童装品牌）短裙裤和带搭扣的鞋子。她承认自己现在醉心于少女装扮，喜欢褶边和毛球，尽管她总会强调另外一些细节来使自己整体看上去不那么像个小姑娘。

她对时尚的热情最早来源于童年时期。

PÉNÉLOPE

佩内洛普

/ 爱马仕复古与时尚艺术部门经理

“我买的衣服一般都经得起时间的考验，衣橱里有一些衣服是十几年前买的。我觉得如果一件衣服我一直穿不厌，那这次购物就很成功了。”

由于对母亲给自己的穿搭很失望，小佩内洛普把阅读文学名著的时间都花在了翻阅乐都特（La Redoute）的产品目录上，她乐此不疲地翻阅学习，专心为自己搭配将来作为一名职场女性的着装。当挑选专业的机会终于到来时，她觉得自己在绘画上并没有什么天赋，于是放弃了艺术研究转而选择进入商学院，之后又做了几年新闻专员。又过了几年，在时尚的吸引下她再一次回到校园学习。她进入法国时装学院（Institut français de la mode）学习，随后加入伊夫圣罗兰（Yves Saint Laurent）品牌工作室。在这里她开始探索拍卖行里的时尚世界，立志将古典研究作为自己的职业。佩内洛普在成立自己的公司PB时尚（PB Fashion）之前，跟着Dominique Chombert和Françoise Sternbach两位大师（两位法国古物鉴定专家）工作。因为有幸与各大知名品牌合作，参与各种特定主题的拍卖会（如“日本时尚”“伊夫圣罗兰”“80年代”“时髦女性”等），她逐步形成了自己的一套时尚观念。佩内洛普最近将加入艾德拍卖行（Artcurial），成立并带领一个全新的部门致力于时尚艺术和爱马仕（Hermès）品牌研究。

拥有不凡的魅力与外表，佩内洛普把艺术当成一门科学，里面的清规戒律都由她自己来定义。对她来说，这是一门十分有趣的科学，其结果也让人身心愉悦，并且总是带着个人特色。

佩内洛普的推荐清单

家居用品

La Trésorerie：地址：巴黎第十区Château-d’Eau街11号。

Astier de Villatte：地址：巴黎第一区Saint-Honoré街173号。

食 品

Coopérative Latte Cisternino：地址：巴黎第十区Faubourg-Poissonnière街46号。

Liberté：地址：巴黎第十区Vinaigriers街39号。

Terroirs d’Avenir：地址：巴黎第二区Nil街6–8号。

古典物件

Thanx God I’m a Vip：地址：巴黎第十区Lancry街12号。

Renaissance：地址：巴黎第七区Beaune街14号。

Rellik：地址：伦敦Golborne路8号。

Chantal：地址：圣图安Paul-Bert市场，1号过道71号铺。

Rose Market：地址：巴黎第九区Hippolyte-Lebas街5号。

Celia Darling：地址：巴黎第九区Henry-Monnier街5号。

Vintage Clothing：地址：巴黎第十一区Crussol街10号。

Ciel mes bijoux：路易十六画廊。地址：比利时布鲁塞尔。

时 装

Comme Des Garçons：地址：巴黎第八区Faubourg-Saint-Honoré街54号。

Alaïa：地址：巴黎第四区Moussy街7号。

Yazbukey：网址：www.yazbukey.com。

博物馆

服装博物馆：地址：阿瓦隆Belgrand街6号。

时尚博物馆：地址：阿尔比Souque街17号。

基督教-迪奥博物馆：地址：格朗维勒Rhumbs别墅。

皮尔卡丹博物馆：地址：巴黎Saint-Merri街5号。

摩达博物馆：地址：智利圣地亚哥Vitacura街4562号。

MOMU：地址：比利时安特卫普Nationalestraat 28，2000。

Gemeentemuseum Den Haag：地址：荷兰海牙Stadhouderslaan 41，2596 XP。

其 他

衣服修剪：**Aziz**。地址：巴黎第九区Claudel街17号。

鞋匠：**Pulin**。地址：巴黎第八区Chauveau-Lagarde街5号。

家具商：**le Boudoir**。地址：巴黎第八区Laborde街10号。

理发师：**Françoise**。地址：巴黎第六区Madame街72号。

餐 馆

Abri：地址：巴黎第十区Faubourg-Poissonnière街92号。

Vivant Cave：地址：巴黎第十区Petites-Écuries街43号。

Playtime：地址：巴黎第十区Petits-Hôtels街5号。

Nanashi：地址：巴黎第十区Paradis街31号。

COLOMBE

高龙巴

设计师

&OTHER STORIES

这是一个典型的巴黎女人，她身上有着巴黎女人那种难以名状的特质。在圣日耳曼区的大街上，她优雅地踱着步，嘴里叼着精美的香烟，头上戴着一顶复古的圆礼帽。她就是我们今天的主人公设计师高龙巴·坎帕纳。

时尚游戏

打从记事起，高龙巴就对时尚感兴趣。她在这方面最初的记忆要追溯到稚嫩的童年时期。她至今还清晰地记得6岁那年买贝纳通（Benetton）格子套装时激动的心情：“我自己选的那套衣服，我当时觉得特别幸福和自豪。在一群穿着百褶裙的女孩子中间，我感觉自己是世界上最酷的姑娘。”她小时候也是小游戏《描绘时尚》的狂热爱好者，她可以在游戏里写写画画模拟现实，在不知不觉中为自己的设计师命运勾画出了浓重的第一笔。

迈出第一步

了解了高龙巴自幼年起就拥有对时尚不可动摇的追求，也就不难理解她将自己的职业梦想最终定位在了这一领域。15岁时她有幸遇到了Capucine Puerari（法国设计师），Capucine Puerari后来成为她的导师，给还在读中学的她提供了多次实习的机会，推荐她进入高等服装设计学院studio Berçot学习，并且一毕业就接收她做了自己的助理。在4年多的时间里，高龙巴协助设计师完成了各种品牌的设计任务，作为踏入时尚界的第一步，这份工作使得她有机会接触到不同的领域，包括内衣、毛衣、衬衫以及裤装。

装扮巴黎女人

在这之后，高龙巴来到了索尼亚·里基尔（Sonia Rykiel）工作室工作，这是全法排名第六的巴黎优雅人士愿意光顾的品牌，虽然业务范围有局限性，但高龙巴仍保持对其他种类的探索热情。在娜塔莉·里基尔的指导下，她担任了3年内衣和家居服设计师的职务，同时还参与设计一些小物件，比如天鹅绒挂饰等，这些一般都是与H&M合作的系列。

后来高龙巴又到Claudie Pierlot（法国著名轻奢品牌）工作，这一次她终于有机会设计出完美的巴黎少女全身装扮。她很满意这份工作，这给了她从头到脚完成整体设计的机会。

故事未完继续

两年后，她来到瑞典的& Other Stories（H&M旗下品牌）继续工作，这一品牌的部分产品在巴黎完成设计。高龙巴加入的时候这个品牌才刚刚起步，她一路伴随品牌的发展并组建了几个可以直接参与成衣流水线作业的团队。高龙巴每年要负责六个系列的发布，包括一次春夏款和一次秋冬款，每款又会根据她设定的主题细分出三个系列。工作节奏永远紧凑，高龙巴从未停下脚步。

一个系列的完整发布过程是怎样的呢？最开始是灵感阶段，这是一个非常简短但又激动人心的阶段。她可能需要走访陈列馆、研究布料、上网搜索资料、回忆母亲衣橱里的漂亮款式、不停翻阅相关书籍、用眼睛捕捉新鲜事物，以便在脑海中大致形成一幅未来款式的草图。除了由此起草的一个个情绪板之外，她还要展示关于印刷品的一系列色彩、细节和其他一些想法，同时根据搜集到的信息绘制出一幅抽象的轮廓图。这样做的目的在于对自己的意图进行明确的解释，以便指导设计师们的后续工作，让他们从整体思想出发，根据专长展开发挥。在团队所有成员的共同努力下，高龙巴开始确定草图并选择要推出的款式。整个轮廓应该是一个整体的效果，因此要与配饰部门建立对话，以达到配饰与成衣搭配和谐的效果。接下来就要不断与样品制作人员沟通，由他们负责把草图制作成实物，挑选布料，调整形状和颜色，最终完成一套产品原型。“我们通常会多做几件样品出来。不过，尽管我们已经尽可能仔细地阐述了我们的设计思路，让制作人员完全了解我们的意图、习惯我们的喜好还是有些困难，有时候一些熟悉我们的制作人员也会突然产生灵感，自己加些元素进去。”

接下来就可以跟产品经理进行洽谈了。主要洽谈内容包括选出较成功的样品，对其进行更新和跟踪，与整个系列中其他的样品进行整合。所有这些工作都是为了使最终完成的产品原型定稿并投入批量生产。

生活时尚

“跟时尚打交道是我的日常工作，我每天投入至少10个小时的时间来研究设计图或者自己画图设计。”高龙巴说。时尚和美学已经成为她生命中不可分割的一部分。在她的作品中融入的美感完全没有界限。她影响着自己周围的一切，她的衣橱和装修都体现了她的设计风格。她那极具个性的公寓墙上用了很多假的架子来分割空间，整个公寓采用经典的结构，浮雕天花板下的巨大空间像一个盒子，里面放着一些色彩斑斓的家具

和许多奇形怪状的物件。大量的书和杂志摆在一个老旧的梯子上，一直堆到她最喜欢的一顶帽子下面。色彩丰富的不朽画作、带滑门的餐具橱、柠檬黄和粉红色的凳子，所有物件摆在一起构成了一幅用色大胆的彩色画卷。

在冰蓝色的餐厅里有一个诗意的飞鸟形状的灯罩，餐桌的玻璃下面压着一整张地图，她可以在午餐时间自由“旅行”。为了加以突出，她还在沙发的尾部放了两只20世纪50年代编制的藤条大象。

时尚易逝

高龙巴喜欢将时尚具象化。她认为那是一种风格，更个性化也更永恒，这也是她想要达到的境界。她不愿意死板地追逐流行趋势，而更接受其静悄悄地进入自己的生活。她承认自己有时候像个假小子，喜欢穿着牛仔裤、衬衫、短靴，不过，最近由于对印花图案感兴趣她有些忽略这种穿搭，她尝试了一条有个性的豹纹裙、一条来自母亲的卡夏尔（Cacharel）碎花裙以及一套惊艳的印有抽象画的和服。她从不惧怕夸张的色彩，她喜欢对色彩进行混合、搭配、比较，这可能是

家族遗传，她说：“我父亲原籍是意大利，他是我认识的男人中唯一一个有色彩感的。粉红色和茴香绿色、棕色和绿松石蓝色……这些我都可以毫无顾忌地搭配到一起，这也要感谢我的父亲！”自从开始用自行车代步，高龙巴就尝试穿高跟鞋，而以前步行的时候穿高跟鞋走路不太方便。一个人的整体装扮不需要太过完美，如果觉得自己某天的打扮太过刻意，她会稍微把头发弄乱一点，巧妙地让自己看上去并不是完美无缺的。

人行道上的自由

高龙巴没什么穿搭禁忌，什么款式的衣服她都能驾驭。“我不喜欢给衣服下定论。我们对任何事物的感知都会发生变化，可能一开始体会不到一首曲子的美感，但时间长了说不定会被其深深吸引。”她解释说。其实，最重要的是搭配，而这一点高龙巴十分擅长。她最大的灵感源泉在哪里呢？在街上。“我喜欢看行人。每个人都是非常有创意的，他们有自己独到的色彩搭配和细节混搭的方式……他们能给我带来新的灵感。”坐在Le Rouquet咖啡店的露天座位上，高龙巴突然停下来指着一位刚刚路过的优雅的女士给我们看，“她身上的大衣是我设计的，看到自己的作品被人穿在身上太神奇了！”她兴奋地喊。

当高龙巴作为行人在圣日耳曼区的街道上匆匆而过时，毫无疑问，她与生俱来的优雅与自信的脚步，也会反过来成为其他聪明的观察家灵感的来源。

高龙巴的推荐清单

家居饰品

Galerie de Blanchetti：购买扶手椅等家具的不错选择。地址：巴黎第七区Saints–Pères街2号。

Michele Aragon：销售精美的餐具、床单和地毯。地址：巴黎第六区Jacob街21号。

Au Bain Marie：销售新奇的小玩意。地址：巴黎第七区大学路56号。

Astier de Villate：蜡烛、盘子等都很好看。地址：巴黎第一区Saint–Honoré街173号。

India Madhavi petits objets：所有的东西都很好看。地址：巴黎第七区Las Cases街19号。

餐馆/香料店

La laiterie Sainte-Clotilde：一家让人特别舒服的店。地址：巴黎第七区Bellechasse街64号。

13-a baker's dozen：在院子的最里面，是一家创意厨房。地址：巴黎第七区Saints–Pères街16号。

Olivier Pitou：销售高级香料。地址：巴黎第七区Saints–Pères街23号。

Épicerie générale：销售优质当地特产。地址：巴黎第七区Verneuil街43号。

Maison Plisson：有很多好吃的食物。地址：巴黎第三区Beaumarchais大道93号。

Blueberry：很棒的日本创意餐厅。地址：巴黎第六区Sabot街6号。

书店和艺术品店

Lavrut：销售多种艺术材料。地址：巴黎第二区Choiseul大道52号。

Boisnard：销售非常老式的文具。地址：巴黎第二区Choiseul大道82号。

L'Écume des pages：销售时尚、艺术类书籍。地址：巴黎第六区Saint–Germain大道174号。

Librairie des Arts décoratifs：设计师品牌时装、首饰。地址：巴黎第一区Rivoli街107号。

网 购

Nomibis：网购首选，销售古典物件和珍贵小物件。网址：www.nomibis.com。

Clotaire：很好看的童鞋店。网址：www.chaussuresclotaire.com。

Bonjour diary：销售好看的童装、家具、布艺。网址：www.bonjour–e–shop.com。

Nord-ouest antiquité：销售老式物品和家具。网址：www.espacenordouest.com。

1st dibs：销售衣服、家具、古风饰品等。网址：www.1stdibs.com。

衣服/珠宝/配饰

Simone：销售多种优秀巴黎品牌。地址：巴黎第七区Saint–Simon街1号。

Pain d'épices：旧式玩具商店。地址：巴黎第九区Jouffroy大道29号。

Cutie pie：购买巴黎儿童用品时的首选之处。地址：巴黎第十六区Gustave–Courbet街4号。

White bird：综合珠宝品牌。地址：巴黎第一区Mont–Thabor街38号。

Bluet：销售手工制作的睡衣和家居服。地址：巴黎第八区Saint–Honoré街277号。

花 店

Hervé Châtelain：可以在这儿买花送人。地址：巴黎第二区Montmartre街140号。

360° flowers：我经常在这里挑选花束。地址：巴黎第七区Saints–Pères街14号。

FANNY

范妮

女鞋系列负责人

路易威登

LOUIS VUITTON

范妮 FANNY

女鞋系列负责人

范妮最喜欢两个城市——阿尔萨斯和巴黎。她在黑林山山口出生长大，她把这里当作自己的“光之城”，她从这里启程，不断成长。也是在这里，她对时尚产生了强烈的兴趣，她用一种微妙而清醒的方式来解读时尚。

郊区日光浴

虽然身处阿尔萨斯，但范妮一直对巴黎满怀憧憬。一到巴黎她就深深地爱上了第十一区，她算是这个有着丰富历史区域无条件的支持者。巴黎第十一区给了她一种家的感觉。这个古老的郊区——圣安东尼郊区——曾经是工匠们的天下；随着现代化的建筑和全球化的标志越来越多，工匠们逐渐消失，只有少数仍留在这里，显得愈发珍贵。“在我家所在的街道上，现在还住着一个青铜匠、一个油漆匠、一个木匠和一个家具修复师……我实实在在地感觉到生活在别处，甚至连建筑也是不一样的：很少有奥斯曼式建筑，都是些低矮的楼房，它们常常遮挡住工匠车间旁边那些繁忙的院落。”

在她的公寓里，她十分喜欢从客厅各处的窗户射进来的阳光，以及用来调节光线强度和角度的滑动书架。她喜欢开放的空间：“我可以一边做饭一边跟我的朋友们闲聊，朋友们可以端着酒杯靠在吧台旁边的高脚凳上耐心地等我做饭。”当她在客厅活动的时候，通常愿意窝在皱巴巴的亚麻沙发里，或者坐在看起来不太坚固的条纹扶手椅上。这张扶手椅是她18岁生日时收到的礼物，她就这样坐着品一杯咖啡，而这些20世纪70年代的唯宝（Villeroy & Boch）咖啡杯是她父母几十年前收到的结婚礼物。在她的钢琴上有一小块完全属于她的角落：上面放着阿尔萨斯艺术家斯平德勒的镶嵌工艺作品，她在日本旅行时带回来的木偶——日本是她非常喜欢的国家之一，还有一幅斯平德勒画的水彩画，突出了阿尔萨斯和日本之间真实存在的、让人意想不到的文化联系……

从阿尔萨斯纺织到巴黎时尚

在她的家乡阿尔萨斯，纺织业一度非常发达。范妮常常看到当地的女人们在缝纫或者编织。在其中的一个裁缝家里，范妮记得自己不止一次吃惊地站在橱柜前面看着里面满满的Boussac布匹、高质量的面料和整洁的床单。“从广义上来看，是阿尔萨斯定义了我对纺织的品位。”范妮说。18岁那年她就夸下海口：将来会进入时尚圈工作。两年之后，她来到巴黎的欧洲

FANNY

范妮

女鞋系列负责人

高等商学院ESCP学习，她十分享受这次难得的时尚探索之旅，意识到自己终于能够接触到心仪已久的一切美好事物。

她渴望能近距离地感受奢侈品的世界，于是第一份实习工作选择了去路易威登（Louis Vuitton）做售货员。拿到商学院文凭之后，她又选择到法国时装学院Institut français de la mode继续进修，接着来到伊夫圣罗兰（Yves Saint Laurent）短暂工作，负责眼镜和男士丝绸部分业务。后来又到娜丽罗荻（Nelly Rodi）流行趋势研究室工作，在这里她接触到一个新的职业，与她之前了解的截然相反——位于时尚最前沿的项目经理。想要回到产品线的愿望让她重新来到了路易威登（Louis Vuitton）。这一次她以产品经理的身份加入，后来又被推荐成为女鞋系列的负责人。她对女鞋系列负责人的岗位很感兴趣，而且能接近设计环节，这给了她与每一个系列的工作室和造型师密切接触的机会，她可以从想法诞生到最终将产品展示给消费者看，全程跟踪鞋子的各个生产环节。“我既不是创作者也不是设计师，但这一身份让我能近距离地接触产品。接受技术挑战，不断开拓创新，从想法到构思再到一步步跟踪鞋子的生产，这一系列工作本身就足够吸引人了。”范妮解释说。

风格解读

范妮认为，在时尚界工作对于一个人的风格有着决定性的影响。“我不太擅长想象一件挂在衣架上的衣服穿到人身上是什么样子，我更喜欢它们实实在在地被人穿在身上。办公室有时也会办一场连续的‘时装秀’，尽管时装秀最好去工作室里举办，那样看起来似乎更明智一些。我非常喜欢观察那些真正有自己

她很少采买，但买来的都是优质的产品，她更喜欢购买几件非常漂亮又昂贵的衣服而不是疯狂购入便宜货。她很庆幸自己有机会在一些大品牌公司工作，她的衣柜里也有不少这些品牌的限量款服饰。

出于对“简约主义”的爱——这是一个无比高尚的术语——范妮崇拜那些实用的产品，在她的衣橱里我们看到有威士顿（Weston）

风格的姑娘，她们懂得如何打造时尚而不至于落入一种‘不惜一切代价去时尚’的误区里，那显然是完全不适合她们的。”

范妮从来不会花费大量的时间去购物。“我最讨厌的事情就是一整个下午都在一片黑漆漆的封闭空间里购物，比如去林荫大道和玛黑区。”对服装和布料的强烈喜爱让她很愿意去触摸实体衣服，她只是偶尔在网上购物。“不过，作为一个外省人，我很长一段时间都是乐都特（La Redoute）产品目录的超级粉丝。在外省，乐都特已经形成了一种文化。”她笑着说。总体来看，

的鹿皮鞋、一件Guy Cotton（法国户外运动品牌）的黄色防水衣、骆驼（Chameau）和巴伯尔（Barbour）的皮靴。“首要的一点是不要把这些衣服和鞋子同时穿搭在一起。”除了这几双基础款鞋子之外，范妮有时也有所侧重，她喜欢把重心集中到脚上，穿上带银色亮片的浅口皮鞋、草间弥生为路易威登（Louis Vuitton）设计的黑点黄漆皮平底鞋、伊夫圣罗兰（Yves Saint Laurent）的高跟鞋……她能成功地驾驭两种截然不同的风格，在平底单鞋和让人眩晕的高跟鞋之间切换自如。

在男性和女性两种风格之间游走，带着对男士衬衫的偏爱，范妮经常厚着脸皮钻进她丈夫的衣柜里。当然她也不会忽略女人味，不过都是通过一些细节来体现：在一件伊夫圣罗兰（Yves Saint Laurent）的礼服里面搭配一件精致透明的罩衫，诸如此类。

对范妮来说，时尚有一种叙述的能力，它可以为我们讲述一个人、一个时代和一种文化的故事，它是一种真正的社会现象、一种归属感和一种认知。“时尚教会我们如何处理与他人之间的关系，我们不是仅仅为了自己而打扮，而是为了表达一些什么，为了取悦别人、尊重别人，甚至是为了传达一条信息、一段文字。”

从另一个角度来看，风格更是一种态度。它是一种个人属性，每个人都可以将时尚按自己的方式转化为自己的风格。如何做到优雅呢？“那就是不要做得太多，要懂得克制。讲究质量与吸引力，知道如何体现女性美又不至于太过夸张。”克里斯汀·斯科特·托马斯和夏洛特·兰普林是范妮在时尚方面的两个偶像，她们精致而又高贵，有一种典型的英式魅力，与众不同又恰到好处。而范妮刚好也喜欢穿一些极富想象力的鞋子，似乎紧跟着她们的脚步，这样看来接班还是有保证的……

FANNY

范妮

女鞋系列负责人

范妮的推荐清单

一个护身符：出生洗礼时的挂坠，一个十字架，我一直戴在脖子上。

一件首饰：爱马仕手表，我丈夫从拍卖会上买来的老款式。

一个包：路易威登（Louis Vuitton）的Sofia Coppola包，我只有这么一个特别喜欢的包，一直拿来用。

必搭单品：小衣领，我有好多个，我喜欢套在毛衣里面。

一个弱点：我的女式印花款衣服太多，从Cacharel的Liberty系列到Carven的诗意印花系列我都有。

一条黄金准则：没有季节及场合之分，白天也可以穿丝绣，冬天也可以穿短裙，我可以一年365天不分白天和黑夜地穿同款衣服。

店铺推荐

Le Bon Marché：我对这里太熟悉了，我喜欢在这里选购商品，有典型的巴黎气氛。

COS：一切看上去都简约又抽象，正是这些看起来简洁的东西让我觉得它值得最高的赞美。这是Montmartre街上我最喜欢的店。

APC：很有条理的店。

Mont Saint Michel：衣服的色彩、材料、裁剪搭配完美，摸上去有些复古。

Carven:每年我都会买一件Carven的衣服。

Petit Bateau：伴随我成长的一个牌子，我喜欢"条纹衫"的定位，基本每一件衣服都不偏离这一主题。

其他常去的店铺

Merci：我从来不会空手而归。

Caravane：主要是销售装饰品。地址：Saint-Nicolas街和Pavée街。

Colette：强烈推荐，每次都能惊艳到我。

周边店铺

La Badine de Martine：能买到Aligre面包。地址：巴黎第三区Crozatier街74号。

La Graineterie：超级杂货店，可以买到西红柿苗、野生大米和卷心菜……地址：巴黎第十一区Aligre广场8号。

Soboa：意大利店铺，可以买到新鲜的意大利水饺。地址：巴黎第十一区Faubourg-Saint-Antoine街187号。

Page 189：我喜欢的书店。地址：巴黎第十一区Faubourg-Saint-Antoine街189号。

Septime：我心目中巴黎当下最好的餐馆。地址：巴黎第十一区Charonne街80号。

6 Paul Bert：传奇小酒馆Paul Bert的分店。地址：巴黎第十一区Paul Bert街6号。

Le Siffleur de ballons：酒吧，装修简单，菜肴精美，无添加葡萄酒，价格低廉。地址：巴黎第十二区Cîteaux街34号。

Le chat bossu：每个周日早晨我都会来这里喝一杯咖啡。地址：巴黎第十一区Faubourg-Saint-Antoine街126号。

MARIE

玛丽

女装市场负责人

巴黎春天百货

PRINTEMPS

MARIE

玛 丽

女装市场负责人

我们现在来到一座典型巴黎建筑的三楼，客厅沐浴在阳光里，好似在迎接我们。主人公玛丽正舒适地坐在一张长靠椅上，满怀自信地面向我们。她的旁边是一只孔雀标本，仿佛睁着好奇的眼睛注视着她。这是一个在其领域里非常出色的行家里手，她细心地为我们讲述了打造成功的职业生涯和个人风格的关键。

商业与设计——难以协调的等式

从14岁开始玛丽就被时尚深深地吸引，起初她是在距离时装表演十万八千里的地方，靠眼睛和双手感受时尚：她学习缝纫，画模特草图，并且对布料产生了兴趣。

随着时间流逝，她的这一喜好有增无减。“何不让它成为自己的职业呢？”她这样问自己，“但另一方面我又被自己头脑中对于这一行的认知吓到了：很少的岗位、艰难的出路……我也觉得自己可能只是心血来潮，是一种小女孩的任性……”理性的声音把她拽回现实，她还是选择进入欧洲高等商学院ESCP学习。她在学校里选修了一门管理学的通识课程，这门课程可以给学生提供到迪奥（Dior）或者娇兰（Guerlain）参与营销实习的机会。这些实习经验再次验证了她的喜好：“我很快就觉察到时尚是时时刻刻都在更新的。质疑推动其向前发展，每一季都会重新洗牌。一切都从创作开始，到商业化结束。正是这两者的巧妙结合一下子就吸引住了我。”

基于在商学院的商业课程学习经验，她又来到了高等服装设计学院Studio Berçot，在这里形成了另一部分思想，更加敏感又不过分理性。与校长Marie Rucki的相遇对她的人生产生了决定性的影响。Marie Rucki教会她观察并解读时尚，给她灌输了大胆的思想和怀疑的精神。在高等服装设计学院Studio Berçot，玛丽积极投身于材料、人像、草图和色系的研究，最重要的是，她在这里体验了设计师的工作，这让她的整个职业生涯都受益颇多。

"对比、摄影、赛琳(Céline)的建立，都体现了职业女性对地位的渴望，她们能力与责任的提升也能通过这种时尚表达来体现。"

在伊莎贝尔·玛兰（Isabel Marant）实习让她有机会直接配合设计师的工作，同时兼任工作室的模特，她也因此享受到了与产品近距离接触的特权。她反复问自己，面对商业之路和时尚之路这两条看上去截然相反的职业道路，该怎样选择呢？与年轻品牌美式复古（American Retro）的偶然接触为她解决了这一看似难以抉择的问题：在成为系列负责人之前，她接手了一个产品设计师经理的岗位，这让她刚好处于商业与设计两者交叉的位置上。她的任务多种多样：既要采购、绘图、研究布料，又要开发新系列、谈判价格、筛选生产商、处理订单，甚至需要寻找模特。尽管如此，宽泛的价值链和广阔的行业前景也不能让玛丽完全满足，她觉得自己需要重新拾起设计的工作，真正让自己的职业生涯实现新的飞跃。

她终于在菲比·费罗时期的赛琳（Céline）实现了自己的愿望，担任经纱和纬纱产品经理，她负责协调工作室和车间之间的工作，为产品的开发提供保障。她结合行业专长，推动开展商业协作，解决特殊的大规模专业技术挑战，确保设计观念向产品转型……她的双重能力奠定了其信誉，她的热情在与设计师、工匠和供应商接触的过程中体现得淋漓尽致。这是一个完全适合她的美妙的地方，不过在工作两年之后她还是离开了这里，因为收到了一个难以拒绝的邀请：担任巴黎知名品牌索尼亚·里基尔（Sonia Rykiel）的成衣系列经理。玛丽在这里主要负责与艺术方向紧密联系的设计过程的实现与产品供应。她每天要做的工作包括起草产品计划，安排生产进度，从选择面料、编辑、定价直到产品陈列全部亲力亲为。为了做好自己的工作，她尽一切努力构建产品团队，打造品牌新形象，夯实整个生产过程，全力协助新的品牌艺术总监朱莉·德·利班完成第一次时装表演。

新的春天

一年之后，抱着成为设计师的想法，她再一次重新出发，受邀来到巴黎春天百货（Printemps）负责时尚女装市场。她不仅被这个巴黎王牌百货公司所吸引，也同样对新岗位的工作内容充满好奇。在结束之前以产品为导向的岗位之后，这次的工作更像是前面的后续，需要用到玛丽迄今为止所能调动的一切资源：她进入了一个崭新的维度，在大背景下带着商业目标制定产品战略定位。这是一份全球性、跨行业的工作，目标在于确定巴黎春天百货的时尚基调。

要做到这一点，玛丽的任务是多种多样的，要解决的问题也总是层出不穷：协商前期报价计划，识别客户并进行细分，制定采购战略预算，区别不同品牌并做出有差异化的产品定位，确定定价标准和每个品牌的目标采购计划，提升产品的整体凝聚力，进行产品筛选和编辑以便有针对性地指导每一位顾客在品牌和产品丰富的商场中购物，整合经济效用与盈利，跟踪推广活动，参与每一季的品牌动画营销——包括主干商演、发表社论、时尚干预、鸡尾酒会，等等。

对玛丽来说，一季中最忙的时候就是时装周了。作为时装表演狂热的爱好者，她把秀场作为自己灵感的源泉："这既是纯粹的享受时刻，也是与我工作有关的重大活动。我可以研究各大品牌的系列演变，确定最具商业实力的目标品牌……最重要的是，我可以准确把握接下来的流行趋势，并思考我们要用何种方式在我们店里将当季流行服装展现给顾客看。"

"我认为一套完美的装束是：一件嵌有宝石装饰的玛尼毛衣，一条法兰绒裤裙，一双卡其色绒面皮鞋。"

风格：别致安然的巴黎艺术

玛丽的打扮除了受时尚大环境的影响之外，更多地体现了她的个人风格。她不喜欢过分的装饰，也会避开一些夸张的款式。她非常清楚什么风格才真正适合自己，她遵循几项基本的穿搭原则。“我喜欢那种既朴素又优雅的态度，最好是不刻意而为的精致打扮。如果今天穿了一件特别漂亮的衣服，我就会本能地想要给它一个尝试其他搭配的机会。我对男式服装也很有好感，尤其喜欢将它们混搭起来：用一种特别女性化的材料来制作，或者配一个夸张的珠宝首饰和一双高跟鞋。”

玛丽还喜欢对服装原型设计进行重新审视，她给我们展示了一件赛琳（Céline）的风衣，是赛琳与知名品牌麦金托什（Mackintosh）的合作款。这件风衣的每一个细节都处理得细致入微，玛丽说：“它的巧妙之处在于保留了经典款的风格，但又加了褶皱，调整了袖子，去掉了内部饰面，使用了脆棉，体积也有所调整……”

关于穿衣打扮玛丽喜欢自娱自乐：尝试叠穿，以期产生意外的效果；可能下身穿很短，上衣从头包到脚像僧侣的穿着一样；或者用一条蕾丝裙搭配一件粗线毛衣，用一条裙裤搭配一件男式衬衫。玛丽非常注意比例协调，她觉得一切搭配其实主要是平衡的问题，或者说是不平衡的问题。她在风格上游刃有余，这也是她所擅长的领域。总之，这是一个温柔、大胆、优雅，既超前又复古的女人。

“当我们为某一品牌工作的时候，实际上我们要完全接受一种风格。但在商场工作的话就更自由、更清醒一些，而且我们可以尝试混搭。”

MARIE
玛丽
女装市场负责人

玛丽的推荐清单

玛丽的私人衣橱

衬衫：最好是白色的。使用绒面、提花材料（推荐Céline，Alexander Wang，Charvet，COS等品牌）。

裤子：裁剪精致，材料垂顺，低分叉（推荐Rick Owens）。

裙裤：富有女人味又很酷，法兰绒材料，自由舒适（推荐Chloé）。

牛仔裤：复古系列，或者稍微有些喇叭裤效果（推荐APC）。

大衣：这是最好的投资。男士羊毛大衣，适合所有身型（推荐Givenchy）。毛绒大衣（推荐Céline）。带后腰带的夹克（推荐Sonia Rykiel）。斗篷外套能让人眼前一亮（推荐Céline）。

皮衣：白色皮革，带链条或印花图案（推荐Givenchy）。

洗礼礼服：仿佛诉说了一系列故事（推荐Isabel Marant）。

包身毛衣：最好是宽松型、高领或者紧领毛衣（推荐Marni，Sonia Rykiel，Margarett Howell，Cédric Charlier等品牌）。

鞋：靴子、浅口皮鞋、拖鞋、鹿皮鞋、高帮鞋、凉鞋。鞋子能给个人穿搭加分不少（推荐Pierre Hardy，Charlotte Olympia，Chloé等品牌）。

围巾：爱好层次感的人不可或缺的装饰品，可以在脖子或者胸前打个结（推荐Sonia Rykiel）。

巴黎餐厅

Le Blueberry：酒吧，午餐首选。地址：巴黎第六区Sabot街6号。

Saturne：可以吃到专业的午餐，装修现代，有一个很大的树冠形顶棚。地址：巴黎第二区Notre-Dame-des-Victoires街17号。

La Rucola：我的私人食堂，有很多以新鲜松露为主的意大利菜。地址：巴黎第十七区Malesherbes大道198号。

小酌一杯

Le Cigare Bar de l'Hôtel Margiela：地址：巴黎第八区Jean-Goujon街8号。

La terrasse de l'Hôtel Raphaël：地址：巴黎第八区Kéber大道17号。

Le Café des Initiés：地址：Deux-Écus广场s2号。

Le Lézard Café：这家店是我在Céline夜间时装秀期间喜欢去喝一杯的地方。地址：巴黎第二区Étienne-Marcel街32号。

店铺推荐

La librairie Artcurial：有建筑学和摄影类书籍。地址：巴黎第八区蒙田大道61号。

La boutique galerie Spree：有蒙马特设计作品。地址：巴黎第十八区Vieuville街16号。

古董行与寄卖店

Odetta：一家混合复古时尚和设计的精品店。地址：巴黎第三区Tournelles街76号。

Gabrielle Geppert：有非常精美的奢华配饰。地址：巴黎第一区Montpensier长廊31号。

Pretty Box：设计师们经常光顾的场所。地址：巴黎第三区Saintonge街46号。

Les Ginettes：不会让你空手而归。地址：巴黎第六区Sabot街4号。

J U L I A

茱莉娅

档案与文物服装负责人

JULIA

茱莉娅

档案与文物服装负责人

现在是10月，看起来却像1月一样。在这样一个秋天的早晨，整个巴黎都是灰色的，而茱莉娅却好似散发着光芒，与巴黎秋天的早晨形成了鲜明的对比。茱莉娅有着闪亮的瞳孔、火红的头发，身上散发着无尽的温情。

复古巢穴

我们现在来到巴黎第九区正中心的莫伯日街上，茱莉娅住在这里。她与两个朋友同住在一座古老的公寓里，这里仍保留了奥斯曼密码锁并巧妙地将其打乱。在大理石壁炉上燃着一排大蜡烛，普鲁士风格的房间像首饰盒一样被围绕着。华丽的老式建筑物线脚与上一辈留下来的修复过的家具相得益彰。在客厅的一角，一条有个性的苏格兰花呢毛毯罩在斜纹木地板上的落地灯上。几个靠垫及针织挂毯装点着20世纪50年代的老沙发。房间里到处都是小装饰品，构成了许许多多新奇的微型陈列柜。整个装修风格庄重又祥和。

从艺术到时尚

德鲁奥（Drouot）拍卖行就在离茱莉娅家几百米远的地方，她对这个地方非常熟悉。在巴黎大学完成了法律和艺术史的学习之后，茱莉娅又拿到了卢浮宫学院（École du Louvre）的文凭，接着她转行到德鲁奥拍卖行学习了古典文物销售方面的专业知识。这一切似乎都很自然。茱莉娅没有进入时尚界的志向和热情，对生活在外省的她来说，只有童年时绘画、化妆的遥远记忆。“在卢浮宫学院我专攻博物馆学，专业知识包括文物保护、修复以及文化调解。我当时想成为一个文物管理者。但是这对我来说并不容易，这一行很难入门。我的毕业论文偏重于研究时尚史，我本身对高级时装和珠宝切割很感兴趣。在会见了时尚领域的几个专家，尤其是设计师艾历克西斯・马毕之后，我很自然地就想转行到时尚品牌工作了，这些品牌多年来也在重新探索它们的遗产的重要性。当然，这也是我选择加入巴黎罗莎(Rochas)的原因。”

对档案的热情

在巴黎罗莎（Rochas）工作的三年多时间里，茱莉娅投身于档案的研究，全身心地钻研品牌丰富的发展历史。除了定期清货和建立数据库之外，她还要留意拍卖会的动向，以期完善品牌的产品收藏，通过周记来标记和定位已签约产品。与此同时，她还与各大学术机构、博物馆建立联系，以确保有被选择的机会和更好的品牌知名度。有时候她也会参与其他品牌的相关工作，甚至会参与一些私人的工作。茱莉娅热衷于艺术，又不仅仅局限于时尚，她坚信该领域的一些成熟的研究方法同样可以运用在其他领域的文化遗产上。正因为这样，她参与了画家Léon Delachaux绘画样册的编辑，通过清点其绘画作品为他的后代募集捐赠资金。

重组过去

“如果不是研究过文化遗产，我也不会转行到时尚领域工作。”当茱莉娅谈到时尚话题时，过去对她来说并未真正远去。“在如今的时尚领域，一切都‘太过’了：事情发生得太快，我们总是被太多建议困扰，有太多太多的选择，而所有这些又太过短暂。我们需要重新学习如何运用时间、有所节制和独立思考。”

要做到这一点，对古典的研究就显得尤为重要。20世纪60年代的想象力、未来主义和放松思想有其先进性，但慢慢还是被70年代的自由主义和异国情调所代替。“我喜欢赋予服装第二次生命。”茱莉娅接着说道。复古的服饰同样有着经得起时间考验的优势，她也看重这种开明的着装方式的文化意义，通过吸收时尚史上的主流思想，回首过去才能找到真正适合当下的东西，这也是她工作的意义所在。这是一个十足优雅的女性的出色表现。

自在艺术

在日常穿搭方面，茱莉娅偏重于舒适。她骑自行车上下班，经常出入工厂仓库，所以她喜欢穿让自己舒服的衣服以应对每天穿梭于巴黎的“冒险”。通常来说，她喜欢穿一条好看的牛仔裤搭配一件衬衫，我们更可能碰到她穿靴子或者运动鞋，而不是12厘米高的高跟鞋。在她看来，舒适并不影响优雅。她会运用一些意想不到的小细节来给自己平时的基本款装扮增添一些精心的点缀。她可能在牛仔裤的口袋外面加两个较大的双色蝴蝶结，在格子衬衫的周围加一道花边，用强烈的配色来装饰精密缝纫过的袖口——比如橘红色、石榴红色或者大红色。她也特别擅长用珠宝来装饰自己，这些珠宝通常是前辈传下来的珠宝，有时候是从阁楼或者杂货间里翻出来的，那些20世纪70年代的首饰无疑被她当作吉祥护身符。

有所节制又不会太过冷淡，茱莉娅的整体风格是很明智的。“我是比较平静的，不喜欢做太疯狂的事，尤其不喜欢怪诞的装扮。”说起夸张的服饰，她就只有一些颜色比较鲜明的衣服，还有一件20世纪70年代的逦媛纳(Leonard)花裙子。她的风格哲学是以谦卑低调为基础。“一个人的优雅基于她对自己风格的尊重。我穿的一般都是适合自己的衣服，我喜欢去看一些时装表演，它们能给我定一个基调，我会对其进行加工然后进一步进行搭配……这可真算得上是一门科学。”

“我并不太喜欢巴黎风格这种说法，这太有局限性了。我更愿意承认说巴黎人的身上有一种特殊的味道，他们懂得如何穿搭适合自己的衣服。”

“2008年我完成了自己的学术研究，渴望投身于时尚遗产研究工作的想法变得愈发清晰，我到蒙特利尔艺术博物馆去看了伊夫圣罗兰的第一场名为‘爱’的作品回顾展。这次展览展出了很多我喜欢的时尚服饰，通过其品牌发展史和参考文献，我从中学习到了成熟的风格理念、色彩与和谐的意识，以及功能性与永恒性并存的观点。”

JULIA

茱莉娅

档案与文物服装负责人

茱莉娅的推荐清单

梦想单品：Courrèges 高帮皮鞋。

穿搭禁忌：牛仔迷你短裤。

最爱配饰：Givenchy 复古项链。

最爱单品：Alexis Mabille 皮夹克。

永不过时的服饰：手工毛衣，我祖母织给我母亲的。

最爱品牌：Alexis Mabille，Courrèges（尤其是duo Coperni系列），Lutz，Rabih Kayrouz。

购物贴士：可以去旧货市场、拍卖会淘货，那里可以以最低的价格买到高质量的单品。

省钱计划：可以去Monoprix，Cos和& Other Stories挑选基本款衣服。

周边店铺

Le restaurant thaï Bien Bien：地址：巴黎第九区 Bergère 街30号。

La coopérative italienne Latte Cisternino：地址：巴黎第十区Faubourg-Poissonnière 街46号。

La boulangerie Landemaine：地址：巴黎第九区Martyrs街26号。

Le bar La Comète：地址：巴黎第九区Faubourg-Montmartre街19号。

Le bar Gocce du restaurant Professore：地址：巴黎第九区Choron街7号。

时尚购物

Alexis Mabille：地址：巴黎第二区Vivienne长廊34号。

Cos, & Other Stories：地址：巴黎第二区Montmartre街。

其他：我们这一带或者外省村庄的旧货市场。

总体来看，我喜欢旅行购物，这样可以收获一些意想不到的物件，还可以收藏一些服装作为旅行纪念品……

D I V A

迪 娃

国际视觉营销设计师

男士时装

MODE HOMME

在迪娃看来，时尚是有意义的，衣服本身就具备文本解读的功能，而小的饰品——虽然不常用——也能讲述形形色色的故事。

退居时尚圈

小女孩一般的乌黑刘海齐到眉毛，迪娃用轻柔的声音为我们讲述她踏入时尚圈的曲折历程。

由于受过建筑学教育，迪娃一开始并没把时尚作为自己的职业规划。她先是在家乡哥伦比亚进行了建筑学的修读，这里的教育是完全用实用主义的方式进行的，然后她来到格勒诺布尔开始大学生活，接着又来到了巴黎，在巴黎她不断进行新的尝试，以此来塑造自己未来的职业。

时尚屡次与她擦肩而过：她的一个建筑师朋友在时尚领域工作，她得到了一个去巴黎知名时尚品牌实习的机会……但她依然保持警惕，不想贸然闯入这个看起来有些肤浅的竞技场。迪娃立志专攻建筑学，然而她申报的硕士专业因为缺人而取消了，于是她转而进入了法国时装学院Institut français de la mode，在这里，她终于发现时尚领域也是有一定深度的，同样存在很多挑战。

从那一刻起，她不停地寻找可以连接时尚和建筑的创意线，试图将两个领域结合起来。她获得了一次在法国知名品牌实习的机会，这让她能在亚太地区极大地发挥出自己的创造力；她进入一家广告公司短暂工作，负责奢侈品网站的搭建……由于生宝宝，迪娃休了一段时间的假，她在休假期间收到了一个法国顶尖品牌伸出的橄榄枝。是时候恢复状态投入工作中了，她从巴黎第八区重新出发。她主要负责外观处理，还临时负责功能的构建，从橱窗陈列到大型活动的舞台搭建（时装表演除外），顺便也包括限量版产品的展示、与包装有关的视觉设计、眼镜店的眼镜陈列以及一切与销售空间多多少少有所关联的活动。这是一项专业且具备多样性的工作，很具象又处于时尚系统的核心位置：需要直接与供应商和生产商联系，不断提供视觉营销和通信服务。她在此构建了品牌的总体战略框架，也提出了对时尚及其重要性广泛而深远的认识。

Queneau
Cent mille
milliards
de poèmes
AYN RAND
THE FOUNTAINHEAD
WITH AN INTRODUCTION BY THE AUTHOR
CENTENNIAL EDITION

Le roi de la pampa retourne sa chemise
pour la mettre à sécher aux cornes des taureaux
le cornédbif en boîte empeste la remise
et fermentent de même et les cuirs et les peaux
Souvenez-vous amis de ces îles de Frise
les gauchos dans la plaine agitaient leurs drapeaux
le gourmet en salade avale la cytise
lorsque pour nous distraire y plantions nos tréteaux
une langue suffit pour emplir sa cagnotte

宁静的避风港

远离金三角和周边的奢侈品店，迪娃和她的家人定居在距离假日广场不远的地方，位于风景如画的巴黎第二十区东北部中心位置。她欣赏这个地方建筑的包容性：一座巨大的建筑物坐落在一条满是居民房屋的乡间小道上。“这让人觉得好奇，人们总是要睁大眼睛走在路上，无比专注，试图寻找隐秘的通道。这个区域也有着和谐完美的家庭生活氛围，在街上我们会撞见许多小孩子，而且我认为我们也算完成了某种自然迁徙：生宝宝之前我们一家住在第三区，搬到第二十区之后我们有了更大的空间，有机会进入这种非典型的空间里，也能在不断变化的环境中自由发展……从这一点看，其实很多人跟我们做了同样的事。”

迪娃的公寓坐落在一条小道上，像一个沐浴在阳光中的陈列柜，人们可以在这里自在地走动，也可以愉快地坐在富美家（Formica）复古椅子上自由地呼吸透过窗子进来的新鲜空气。楼下是一个由石块铺砌的布满绿荫的庭院，是首都中心不可多得的乡村小角落。迪娃家对面是一些由砖块和木头建造的老式建筑，让人想到另一个世纪的巴黎……在绘着图画的整齐的楼梯上，大大小小的外套挂在一个埃姆斯（Eames）衣架五颜六色的枝蔓上，在台阶上的窗子下面有几只蝴蝶似乎要飞到房间里去，几个房间安静地依偎在屋檐下。而楼梯，基于它在空间划分上既能分割又能统一的能力，对迪娃来说是最关键的地方："它能定义'楼上'和'楼下'的区间，就好像是同一个地方的两个视角、两段故事。"迪娃把公寓设计得很单一，地面统一铺上木地板，一直从客厅到卧室再到浴室和厨房，为的是能够走在同一个表面上，而且木地板可以随着时间的推移呈现出某种色泽，也可以见证房子里的生活轨迹。

迪娃的公寓像城市里所有的房屋一样，她的儿子小艾略特的玩具与其他一些小装饰自然地堆放在一起。多面桌上放了一根蜡烛，她喜欢看的诗人雷蒙·格诺的作品《百万亿首诗》放在一张USM的矮桌上，还有一个从旧货集市淘来的漂亮的半透明立方体在太阳光的照射下闪闪发光……

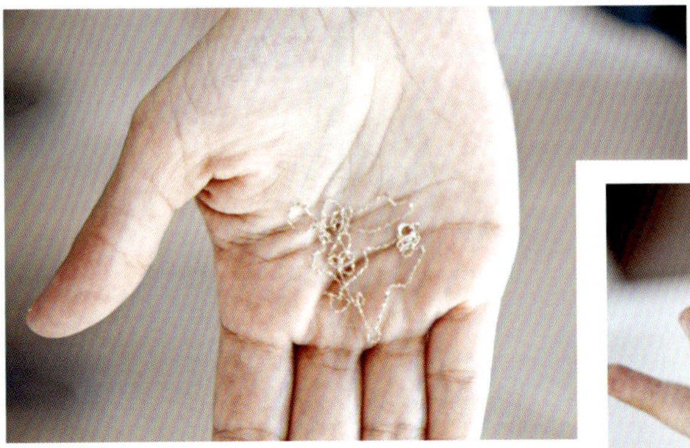

风格与感觉

迪娃推崇既简单又有想法的风格。她不会去刻意追求自己不擅长的时尚，她认为时尚并不是表达的手段，至多是陪伴我们生命中的某个片刻，或者反映某个特定时期的状况。她自身的风格也不是一成不变的，而是顺应着她生命中的转折、她的人生道路、她遇到的十字路口、她的进步和她的挫败不断发生变化……

那些精心挑选的首饰恰到好处地表明了她的观点：她的脖子上戴了一条细长轻盈的链子，那是她两岁那年父母送给她的，一直没换过。她的手腕上戴着一颗用精致的铁丝串起来的海蓝宝石，那是她儿子出生月的幸运石。她还有自己专属的小装饰——耳后一个不起眼的五角形文身，寓意团结和坚定的友谊。在迪娃这里，配饰不仅仅是配饰，还传递出一种感觉，也充满回忆。

迪娃的建筑师眼光也渗透在对服装的爱里，她喜欢那些能在制作上体现出创造性努力的款式。她醉心于一件只由一张皮革裁剪出的皮夹克，赞叹川久保玲（Comme des Garçons）短外套的复杂做工，也为克里斯托弗·勒梅尔设计的一条缠腰长裙的结构而喝彩……她最喜欢的是凯卓（Kenzo）的一条重组结构和移位缝接的裙子，提起这条裙子迪娃不由自主地笑了，因为她记得父亲当时尴尬地问她，这条裙子上的碎花布

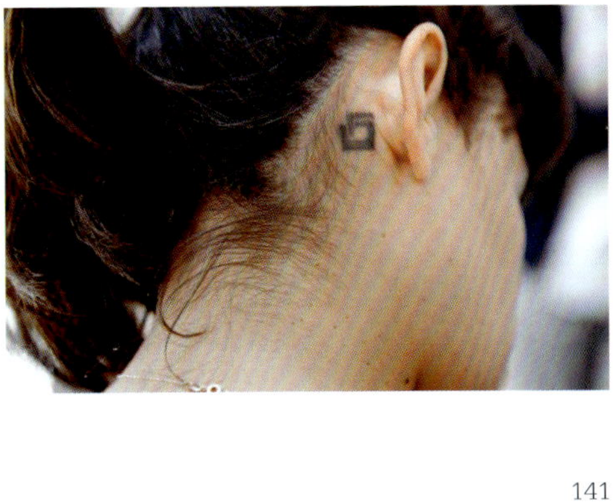

头是不是她从客厅的窗帘上裁下来的……迪娃在着装上没有任何禁忌，如果一定要说有什么禁忌的话，那就是她从不会穿不适合自己的衣服。她难以想象自己穿一套超紧身的衣服时身体僵硬的窘样，她也承认在她的穿着原则里最重要的一条就是舒适，穿让自己感觉舒服自然的衣服，知道自己适合什么，她觉得这是优雅穿搭的关键。她喜欢色彩且百无禁忌。她有一双马丁·马吉拉（Martin Margiela）的荧光黄色皮靴，从没穿过，但这双鞋能让她感到安心和给予她某种力量。她认为不管什么衣服，只要能穿在合适的场合里，就能够体现出价值并且让人充满魅力。我们当然相信她的话，因为在她的身上我们看到了女性的独特魅力……

迪娃的推荐清单

时装品牌

Cos：有很多不错的基本款服饰，剪裁讲究。

Guerisol：多一点耐心，你能在这里找到非常好的款式。地址：巴黎第十七区 Clichy大道19号。

Acne：有好看的款式、好看的版型。地址：巴黎第三区Froissart街3号。

网　购

Asos, Topshop, Zara：可以跟我在实体店买来的衣服搭配在一起。

复古风

可以在周边的跳蚤市场挑选，也可以登录brocabrac.fr浏览。

如果离巴黎较远可以去Emmaüs淘货。

餐　厅

Le Petit Marché：他家的土豆泥和金枪鱼千层糕太好吃了。地址：巴黎第三区Béarn街9号。

The Bottle Shop：周末用早午餐的首选之处，推荐早餐煎饼和血腥玛丽鸡尾酒。地址：巴黎第十一区Trousseau街5号。

Chez Omar：可以跟朋友分享古斯古斯（couscous），简单又好吃的突尼斯美食。地址：巴黎第三区 Bretagne街47号。

Le Chateaubriand：要提前预订或者稍晚些到，有创意的菜品，也有小酒馆，适合所有人。地址：巴黎第十一区 Parmentier大道129号。

Don Giovanni：我心目中的巴黎最好的意大利餐厅。地址：巴黎第四区 François-Mirron街19号。

Chatomat：一家很小的餐馆，融合多种口味。地址：巴黎第二十区 Victor-Letalle街6号。

Robert et Louise：家庭餐馆，适合肉食主义者。楼上有一张靠近火炉的大桌需要预定，可以现烤牛排。地址：巴黎第三区 Vieille-du-Temple街64号。

L'Îlot：有一个漂亮的小露台，提供海鲜和葡萄酒，有专人服务。地址：巴黎第三区Corderie街4号。

Le Bouillon Chartier：充满历史感，旅游必去之地，餐厅摆放有序。地址：巴黎第九区Faubourg-Montmartre街7号。

儿童用品

Le Dragon savant：销售书籍和玩具。地址：巴黎第十九区 Villette街36号。

Hema：销售木质玩具和鲜艳的基本款童装。地址：巴黎第一区 Rambuteau街118号。

Not So Big：销售迷你版时尚童装。地址：巴黎第二区 Tiquetonne街38号。

La Maison des petits au 104：有一些刺激的游戏设施，并且可以让孩子接触当地有趣的习俗。地址：巴黎第十九区 Curial街5号。

我喜欢带着儿子Eliot一起去看各种展览，我觉得虽然这些展览不一定是专门为孩子设计的，但他可以从中感受到色彩、形式、光线等的区别。

柯 琳

COLINE

设计师

CAPTAIN

离柯琳家几步远就是Bonne-Nouvelle（中文直译：好消息）山丘。这个名字是个好兆头，也很适合柯林。这位年轻的设计师在这个旅游业发达地区的一座传统建筑的顶楼搭建了属于自己的家。这是她理想的舒适又私密的地方。

林荫大道上的小居室

去柯琳家要经过一扇沉重的能通过汽车的大门，以及几层需要攀爬的高楼梯。虽然爬上楼不是件容易的事，但柯琳仍然对自己的家很满意。条纹实木地板和白色天花板奠定了一种庄重又混合的装修风格，柯琳称她家为“杂货铺”。这里有一种整体上显得欢快的混合气氛，主题和留白仿佛谱写出一篇大胆而和谐的乐谱。房子的总体格调定位在20世纪50年代，但也不是一个完全典型的当时的翻版。一张编织的扶手椅、一个Pierre Gauriche设计的座椅、一张流行的小餐桌、四把不成套的椅子，与墙上的色彩交相辉映。房间里随处可见各种装饰小物件，有旅行纪念品和出于好奇淘来的小玩意，以及带花的小型吉他和药瓶，图片和画作挂在上漆的架子上，房间里还摆着打字机和老唱片……随处都是绿色植物和各种各样的花束，组成了一幅充满生机的绿色画卷。

西班牙的短暂时光

柯琳很小的时候就感觉到了自己对于时尚的渴望。虽然当时并没有意识到这将成为她未来的工作，因为她对这一行并不熟悉，但她早有预感自己将来会从事一个不平凡的职业。在读书的商学院里，她完全找不到属于自己的位置。为了不浪费时间，她在开学后第十天就退了学，然后来到了伊比利亚半岛。在拥有阿尔罕布拉宫、普拉多博物馆和圣家族大教堂的西班牙，柯琳听从父母的意见开始了应用外语的学习，同时毫不犹豫地注册了欧洲设计学院(Istituto Europeo di Design)，这所意大利学校完全满足了她的创造欲望。她在这里学习了时尚史和照片设计，最重要的是，这段求学经历让她积累了许多人脉。毕业时她进入了当地的*VOGUE*从事编辑工作。“对我来说最难忘的时刻是老师把我的简历发给西班牙*VOGUE*的那天，这意味着在学习了半年之后，我的简历终于出现在了一家世界最知名的杂志社的办公桌上。我甚至激动到流泪，我觉得我想要在时尚界工作的梦想终于可以实现了。”

MIAMI VICE
CHARLIE'S ANGELS
SINGER

巴黎自由

工作三年之后，尽管“法国小姑娘的马德里生活很开心”，柯琳还是选择回到巴黎。由于她的职业生涯有很好的开端，并且有康泰纳仕（Condé Nast）这样一个名号响亮的老东家，摆在柯琳面前的职位选择不胜枚举。而柯琳是个崇尚自由的人。她参与了很多杂志社、电视台和广告的工作，她喜欢这种多样性。从《时尚芭莎》（中国）到《南华早报》，从Blast（某电台节目）到Milk（某电台节目）再到Challenge和M6频道，她工作过的岗位多种多样，极富国际性。

柯琳很纠结该不该将自己的日常生活定义为“工作”。她觉得这算不上工作：“倒不如说这是一个放松的时刻，能让人非常开心！”最开始的时候，她要参加研究会议，要给编辑提供情绪板、主题、化妆、打光等方面的思路。在每一季开始之前，她要把所有的时装表演浏览一遍，挑选并标记出最能表现她想要表达的时尚理念的几套服装。接下来要发送购物请求，对一些小品牌来说，她需要安排产品陈列室的会面以便更快地把选定的服装找出来。然后就是组合阶段：一旦货都到齐，就开始进行衣服和配饰的搭配、比较工作，这也是最有趣的时刻。至此，这一季的流行款式大概就敲定了，拍摄工作可以接着进行。柯琳通常要带着若干个手提箱出门：“我不是一个简约主义的设计师，我需要大量的随身物件来让自己放心。”她负责监督搭配、整理外套、调整裙子，或者加一副手套。这一系列工作都完成之后，就是柯琳需要做最后努力的时候了。她需要做出筛选，把确定的服装交给新闻专员，而那些没被选中的服装也足够让她惋惜一阵子。最终的成果——出版的时装系列——要到几周甚至几个月之后才面世，夏装系列最早可以从1月着手拍摄。

COLINE

柯琳

设计师

工作反思

柯琳的职业生涯完美地诠释了一个摄影设计师的典型工作。第一步通常是作为编辑实习生。这个阶段的目标是成长为一个知名设计师的助手，以便让人认识自己，同时也可以更好地了解这个职业。慢慢地才有了一点自主权：与摄影助理和新模特合作出书，通过接一些低价的工作来打响自己的名声，最终成为一个被认可的优秀设计师。

我们一直反复讨论的是在与品牌合作的过程中如何保持新闻独立性的问题。柯琳回忆起一次不愉快的经历：“碰巧我手头上有一份完整的需要推出的品牌名单，其中有几个品牌不太容易联系到。这些广告客户希望看到他们的产品除了登上杂志广告之外还出现在时装表演中，这简直是太麻烦了。”她说，“一部分合作条件实际上是强加上去的，我们被强制去参观展出的一些衣服或者鞋子，因为这些品牌是投资人，我们需要不惜一切代价去讨好这些投资人。”柯琳觉得这是很轻浮的事情，她更看重的是自由：“我很幸运，他们不会强制我参与这样的事情。我工作中大部分的合作商都是中文杂志，不会对我有这些方面的约束。”

设计师风格

柯琳调皮地开玩笑说：“鞋匠其实是最不会穿鞋的人。”她不觉得自己是时尚大咖，并且说自己更偏重于实用主义。她认为风格其实对应的是一种生活模式。单从她的住所来看，她的个人风格是难以界定的，但整体看来十分阳光，与她的性格相符。当然有一点点复古，也有整体把控的能力。柯琳是一个创造者，她像一个伟大的裁缝一样工作，也为自己量体裁衣：“我臀部宽，腰身明显，裙子对我来说是最合适不过的选择，而且裙子也多少为我增添了一些女人味。”她有很多条裙子，最喜欢中长款或者短裙、超短裙，西班牙的生活经历让她在穿着上更加大胆。柯琳对自己的身材唯一不满意的地方是：“我的肚子有点扁平，但我还是喜欢穿宽松一点、短一点的衣服。”这种对实用性的关注也体现在她的着装上，采访时她穿了一件纯黑色高领毛衣，刚好凸显出她修长的身材。

> “我住的地方非常靠近市中心，我喜欢能方便地步行到任何一个地方。我处在一些不同风格的街区的交叉点上，小径、议会厅、歌剧院、海鲜集市、奥特维尔大街等，这些地方离我家都不远。所以我可以一边遛狗一边去上班。当然了，住在大道上也有一些弊端，比如我就没办法走到楼下去享受真正的邻里生活。”

作为一个设计师，柯琳喜欢用一个精心挑选的配饰来避开潮流。她尤其喜欢戴帽子，大盖帽或者毛线帽都可以，搭配衣服时不至于显得太过光鲜。她永远背着一个超大的装得下许多杂物的布包，她希望有朝一日这个布包可以换成她最心仪的奢侈品品牌赛琳（Céline）的包包。因为职业关系她放弃了高跟鞋，收集了多种款式的运动鞋，包括斯特拉·麦卡特尼参与设计的阿迪达斯（adidas）、耐克（Nike）Air的彩色款或限量版，它们的共同点在于全都极富创意。

她总是穿着自己喜欢的运动鞋，走在喧闹的街头遛她那只可爱的法国斗牛犬。这只狗是去年圣诞节爱人送给她的礼物，她每次拍摄都要带着它，这个小家伙甚至还给一些广告做过模特。柯琳给我们最深的印象是，在她简单的针织大衣里面，包裹着一种难以言说又让人无法抗拒的魅力。

柯琳的推荐清单

五件必备单品

复古牛仔衬衣，宽松版型，百搭。

Topshop褶皮裙。

adidas限量版Stan Smith系列黑底红点运动鞋。

复古毛皮大衣。

D' Estrëe 双色毛毡帽。

周边店铺

Le Strogoff：主要做水果挞和腌鱼片的餐厅。地址：巴黎第二区Bonne-Nouvelle大道37号。

Le Coinstot Vino：有很多有机葡萄酒供选择。地址：巴黎第二区Panoramas大道25号。

Bien Bien：最喜欢的泰国餐厅。地址：巴黎第九区Bergère街30号。

La rue Montorgueil：什么吃的都有（Stoher面包店、Casa della Pasta……）

La Patacca：我不在家自己泡咖啡的话，会下楼到这家店买一杯带回家。地址：巴黎第九区Poissonnière大道10号。

时装及饰品推荐

Saint-Ouen 跳蚤市场：我非常喜欢来这个跳蚤市场，这里可以淘到法国和外国的好东西。

Anthropologie：他家的伦敦商店非常不错。网址：www.anthropologie.com。

& Other Storie：地址：巴黎第二区Montmartre街35号。

Kilo-shop：葡萄酒商。地址：巴黎第六区Saint-Germain大道125号。

Kiliwatch：复古店铺。地址：巴黎第二区Tiquetonne街64号。

Brick Lane à Londres：复古店铺。

我不太喜欢去实体店逛，所以经常网购，比较常去的网店是Urban Outfitters和Freepeople。

VALÉRIE

瓦莱丽

新闻专员
和联合管理人

世界新闻

UNIVERS PRESSE

她走起路来有一种让人平静的力量。她的侧影如此优雅，总是带着一种深沉的感觉。瓦莱丽是个独特的女人，她的优雅同样体现在她果决的性格上。

图片中的时尚

20世纪80年代，《世界时装之苑》和《嘉人》带领她踏入了时尚之门。正是从这些她母亲买来的杂志里，瓦莱丽见识到了一系列知名摄影师的摄影作品，如彼得·林德伯格、汉斯·弗雷尔以及Gilles Bensimon（法国著名时尚摄影师）等的作品。这些图片一下子吸引了她，它们的美让她爱上了时尚。

经过几次实习之后，瓦莱丽做好准备迎接自己真正的职业生涯。她先是到了《世界时装之苑》成为米歇尔·帕凯的助手，接着又跳槽到了《费加罗女装》，后来加入《彼芭（Biba）》和 *Dépêche Mode*（杂志名）成为时尚编辑。她负责筛选刊登在杂志上的产品和品牌，并将它们按照既定的主题分类刊登。此时，她终于距离自己最初对于摄影的梦想更近了一步。

镜头另一边

瓦莱丽的丈夫创办了一家名为世界新闻（Univers Presse）的新闻工作室并自己负责经营。瓦莱丽对这行再熟悉不过了，在她近十年的时尚编辑生涯中，她几乎近距离接触过巴黎地区所有的新闻专员。凭借积累的人脉，她很快加入进来并在工作室内部创建了儿童版块。时至今日，作为一个有丰富经验的女记者，她带领着一个10多人的团队，负责40多个男装、女装、童装品牌的推广，她对此倾注了大量心血。本着诚实细致的态度，她非常认真地履行自己筛选品牌的职责，每个当选的品牌必须在行业内小有建树，或者她看好该品牌的发展潜能，无论如何她始终遵循工作室的整体发展理念。从米歇尔·薇薇安（Michel Vivien）到埃斯普利特（Esprit），从Talc à Finger in the Nose（品牌名）到Tila March（品牌名），从乐都特（La Redoute）到施华洛世奇（Swarovski），品牌的分类既混杂又严谨。随之而来的还有面料的剪裁。“我们分析每一个客户的需求，然后制定出有针对性的个性化战略，一个共同的目标就是有可见性。”瓦莱丽说道。

日常工作

“我的身份是一个沟通者。我的工作是让品牌被人们熟知，讲述品牌的发展史，并且在媒体上传播它们的品牌理念。”瓦莱丽解释说。每天的生活都是一个惊喜，没有一天是可以预见的。“当然，这也并不总是吸引人的，很多时候都是些艰苦的工作。”她接着说道，“我不喜欢在工作中出风头，我还是愿意脚踏实地地去做。”她总是亲力亲为，跟团队并肩作战，最大限度地贴近客户。毕竟早就过了新闻专员出入于鸡尾酒会，坐在沙发上打打电话就能完成工作的时期。现在这份工作已经职业化，尽管人际交往仍然是必不可少的一部分，但从团队管理到具体的档案处理工作还是需要一定的策略。这份工作的目的在于通过在杂志上刊登产品图片和长篇的文字介绍，赋予每个品牌更高的知名度，让其能尽可能长久、更好地立足于市场。

职业动荡

这份工作的关键秘诀是学会适应。尤其是当行业发生变革的时候更是如此。变幻莫测的网络发展已经改变了近几年的行业格局，纸媒已经不再是行业内唯一的龙头老大，必须与互联网平台合作来实现其多样性。受博客作者和其他粉丝众多的有影响力的人物的追捧，杂志的官网成了新媒体时代重要的一环。在网络上，知名博主拥有大量粉丝，有着即时性和自发性的明显优势。为了追赶这一潮流，瓦莱丽对当前形势进行了深入的分析：“纸媒已处于危机之中，我们不能无视新媒体的存在，因为它们本身就有能力制造轰动。需要经历长久的检验我们才能辨别出这是否只是昙花一现，也说不定我们已经开始了又一次伟大的变革。”在最近一年时间里，工作室的一名员工已专职负责网站的运营，世界新闻（Univers Presse）工作室也在Instagram上注册了自己的账户。

风韵犹存

受知名时尚记者Loc Prigent（法国时尚记者，未找到标准中译名）观点的影响，瓦莱丽对于时尚的打磨卓有见地。风格对于她来说就是一种个人魅力。当衣柜里的服装过季之后衣服的使命也就此终结，时装表演后台入口处嘈杂的场面经常逗得她发笑。她承认自己有些厌倦了大量的服装堆积，也对服装和化妆的事情不再敏感。这些跟时代危机以及年龄都有关系。“我更聪明也更理性了。现在我在购物的时候会尽量避免出错，而在20世纪八九十年代我经常犯些错误……”

尽管瓦莱丽逐渐背离了潮流趋势中的既定准则，但她仍然在当今时尚界拥有自己的天地。在她的衣柜里放着赛琳（C é line）和伊夫圣罗兰（Yves Saint Laurent）的当季服装，她说：“我总是买一些没有太大区别的东西，不过我确实算个疯狂的购物者，我喜欢把时尚穿在身上。”

偏执狂

瓦莱丽清楚地知道自己想成为什么样的女人。她衣帽间里的每一件衣服都能很好地反映出她的个性。当我们让她用几个字来描述一下自己的风格时，她大笑起来："那我会说是'简单'二字，有所节制的简单……不要说我的风格经典，那太资产阶级了。"在她身上有一种高雅的美和贵族的魅力。

在她琳琅满目的衣柜里，牛仔裤整整齐齐地排成一条直线，还有几件珍藏多年的男款大衣。她习惯把衣服按照系列分类摆放。比如她清点好了十几件呢子大衣，每件上都有不同的标记。其中一件德赖斯·范诺顿（Dries Van Noten）的大衣看上去至少有十五年的历史。大衣旁边是很多件灰色套头衫，都是精挑细选出来的：它们必须合身，裁剪精细，符合质量标准，穿起来舒适，尤其是要耐穿。如果在一件不那么贵的奢侈品和一件看上去更时尚一点的衣服中做出选择的话，就个人而言，瓦莱丽更倾向于选择能穿更久一点的衣服。她喜欢衣服因为年久而产生的光泽，喜欢放久了的古老味道，她觉得这就像好酒一样，历久弥新。只有那些完全穿破的衣服她才会当废品扔掉。比如那双连鞋带都坏掉的英国其乐（Clarks）鞋子去年夏天被她忍痛扔掉了，事实上鞋底都磨破了，但扔掉的时候她还是很舍不得。其他的衣物她都非常仔细地收藏着，与它们产生了紧密的联系，并且随着时间的推移不停书写着与之有关的故事。

“五十度灰”

瓦莱丽家大玻璃门前的两只石狮子是从她祖父那里继承来的。从她家阳台上可以看到一大片镀锌的屋顶被一片烟囱森林间隔开来，构成了一幅好看的抽象画。我们现在所在的位置是玛黑区。下面的红孩子市场（le marché des Enfants-Rouges）美食家频繁出入，再走几步是圣殿市场（Carreau du Temple）。再往前一点是博马舍大道（Beaumarchais），这一片有许多时髦的精品商店，离夏洛特（Charlot）传奇咖啡店也只是几步之遥，不过瓦莱丽更喜欢光顾邮局咖啡馆（le Café de la Poste），因为那里更幽静一些。

公寓的内部装潢与她衣柜里层层叠叠的灰色调完全一致。云朵、灰白、雷暴、铁灰……灰色仿佛深入瓦莱丽的基因中。藤编的扶手椅上铺了一层Jippi毛皮，衬得灰色大理石桌子也温暖了一些。旁边是一张长长的大沙发，当然也是灰色的。灰白色的窗帘稍微带些褶皱，壁炉看起来随时可以点燃。老式家具与野口（Noguchi）现代桌子和普鲁韦（Prouvé）支架相得益彰。与她的穿衣风格相同，瓦莱丽利用灰色填补了无尽的可能性，她漂亮地证明了这种非彩色也可以显得非常温暖，而不只是简单的冷色调。这一漂亮的单色设计更加衬托了家里的猫华托的存在，它像一只变色龙，从一个房间走到另一个房间时它的毛色仿佛也在发生变化。

瓦莱丽的推荐清单

时　装

Michel Vivien和Tabitha Simmons：可以买到好看的鞋子。地址：巴黎第六区Sèvres街24号。

R13 jeans：可以买到高质量的牛仔裤。地址：巴黎第三区Charlot街33号。

Margareth Howell：能买到各种羊绒制品。地址：巴黎第三区Debelleyme街37号。

饰　品

Jo Malone：可以买到绿色番茄叶蜡烛。地址：巴黎第三区Francs-Bourgeois街12号。

Odetta vintage：可以买到各种灯具。地址：巴黎第三区Tournelles街76号。

网　购

Jippidesign.com：产品多种多样。

Tilamarch.com：主要是包。

Mansurgavriel.com：主要是包。

Maisonstandard.com：可以买到生活必需品。

摩洛哥品牌

La famille：有餐厅和装饰品。地址：马拉喀什Riad Zitoun Jdid 45号。

伦敦品牌

Wardour News：发布国际时尚、艺术、设计等行业新闻。地址：伦敦Wardour街118号。

配饰：带肩带的黑包。小包、水桶包或者信封包都可以，推荐品牌Céline，Cha-nel，Tila March和Mansur Gavriel。

必备单品：黑色牛仔裤。

永不过时：14岁时买的军用大衣。

最爱穿搭：牛仔裤，灰色毛衣，呢子大衣，Clarks鞋。

穿搭禁忌：亮片，平底鞋。

时尚偶像：加拿大演员乔安娜·辛库斯，她怎么穿都好看，在电影《冒险者》中她穿了一件优雅的呢子大衣。

餐　厅

Soma：地址：巴黎第三区 Saintonge 街13号。

Nanashi：地址：巴黎第三区 Charlot 街57号。

咖啡店

Café de la Poste：地址：巴黎第三区Turenne街124号。

食品店

Mmmozza：地址：巴黎第三区 Bretagne 街57号。

Caractère de cochon：地址：巴黎第三区Bretagne街42号。

Meert：地址：巴黎第三区Elzévir街16号。

舒科

SHUKO

发型师

舒科是日本人。在法国定居的九年时间里，她像周围地道的巴黎人一样生活在比布斯大道上。她就像巴黎城市上空一缕明亮的阳光。

甜蜜往昔

舒科生活的街区非常安静，这是她十分珍视的一点。不过离这不远就是热闹的沙罗纳街，这条街上汇集了巴黎最时髦的店铺，给追求时尚的巴黎人提供了便利。舒科的公寓是老式建筑，在线脚、地板和壁炉等物件上保留了奥斯曼风格。室内就像一个柔软的茧，是被白昼之光穿透的宁静的避风港。她精挑细选的家具有着多种风格，有的是从跳蚤市场淘到的，有的是从阁楼里翻出来的。她也不会错过任何一个飞去比利时的机会，总会趁机带点珍藏品回来，有几件家具甚至是她从街上捡回来的。她温馨的小窝总是伴随着她每次的心血来潮不断发生新的变化。舒科给自己的要求是不能过度堆积，在她追求简约的价值观的影响下，她买得很少，但每一件买来的东西都最大限度地发挥了价值。她的每个小物件都有故事。桌上摆放的那些文艺的陶器是她在一家日本老乡开的陶艺作坊中自己做的，花花草草给冬天的花园增添了色彩，蜡烛和香氛越来越多，营造出一种精致的嗅觉氛围，舒科承认自己对于蒂普提克（Diptyque）这个品牌有着近乎痴迷的偏爱。

GEOMETRIC

美发艺术

剪掉几根头发就能获得更大的自由。在电影《罗马假日》里，奥黛丽·赫本饰演的安妮公主勇敢地剪掉了刘海以表示自己想要挣脱身份的束缚。一小绺头发从额头落到这个追求自由的天真公主的皮肤上，她甚至有冒险私奔的念头。这部1954年上映的由威廉·惠勒导演的著名浪漫爱情片影响了舒科的童年，年幼的她把这部电影看了一遍又一遍，一个简单的剪发动作竟然能影响一个人的性格，改变其人生，反映其个性，这一点让她无比惊讶。

十几岁的时候她就开始研究美国著名化妆师凯文·奥库安的作品，《向前看》《做脸》《化妆的艺术》是她最喜欢的几本书，明星化妆师的台前幕后记录和作者对美的深度钻研吸引了她。后来她又迷上了那些在舞台上完成蜕变的艺术家，比如辛蒂·雪曼可以通过特效、化妆和发型来塑造不同的形象，角色跨度从小女孩到女明星，甚至能塑造小丑和洋娃娃；比如Tomoko Sawara（日本名）和她的400多张人物系列照片，她每次经过这些照片都被其深深吸引，场面十分震撼；再比如日本演员森村泰昌常常在银幕上饰演传奇人物，包括碧姬·芭铎、玛丽莲·梦露、葛丽泰·嘉宝等，这也进一步提出了性别、自我形象、性和文化认知等基本问题。

从日本美发店到法国时装秀

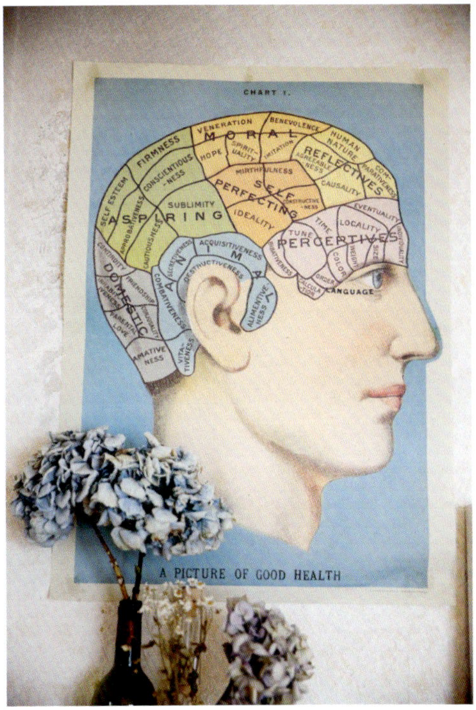

高中毕业后，舒科的父母强烈希望舒科进入大学学习。凭借灵巧的双手，舒科申报了东京的美术学院Beaux-Arts。尽管她意志坚定，但还是无所事事，她发现自己并不适合大学生活，她没办法全身心地投入到课程的学习中，感受不到作为一名学生的灵魂。于是她开始逃离，在结识了几位时装表演制作人之后，她开始参与他们的工作。也是在这里她认识了几个志同道合的发型师，他们建议她学习美发的技巧。舒科用了两年的时间在东京一家美发店里认真学习了美发技巧和方法。她的老板给她介绍了一位在巴黎时尚界工作的发型师，他们之间的沟通无比顺畅，这个职业深深地吸引了她，舒科作为助手参与了巴黎发型师在日本的拍摄工作，后来他建议她一起去往时尚之都巴黎发展。“我想了解巴黎跟日本不同的地方，所以我决定出发。他带我参加了*VOGUE*、《大都市》的活动，还带我去看了一些时装表演。我被彻底征服了。”于是，她决定留在巴黎并且成了她师傅的助理，一做就是两年。为了拓宽活动范围，她接连跳槽了几次，又花了两年时间做发型师的助理，直到后来她完全可以独当一面主持工作。事实证明她的努力没有白费。她先后与Paolo Roversi、Adeline Mai、Fanny Latour Lambert等几位法国知名摄影师合作，还参与了爱马仕（Hermes）和《名利场》的拍摄工作。延续自己的做事风格，舒科对待自己的每一项工作都极其认真负责。她精心整理好所有吸引她的造型，并从经典电影、家庭照片以及皮娜·鲍什的芭蕾舞剧中汲

取灵感。她的日常工作从来没有什么规律可言，通常是先跟摄影师和造型师闲聊，了解他们每个人的想法和需求，然后吸收谈话的精髓并在模特的发型上加以实践。在拍摄的过程中舒科要随时保持警惕，有时需要吹风来制造一些动感，有时需要随时上前打理走形的头发，或者调整一小绺发丝来达到最完美的效果。她非常喜欢时装周和它们让人兴奋的现场氛围。她印象最深的是马丁·马吉拉（Martin Margiela）最近的一次同名时装表演，提前与工厂联系制作假发，在走秀过程中她感受到的浓烈的情感都让她记忆深刻。这些经典时刻诠释了她对时尚的无尽热爱。

“法国时尚通常是以女性的形式出现的。而在日本，像川久保玲（Comme des Gar sons）或者山本耀司（Yohji Yam amoto）等品牌，性别是被淡化的。这些衣服更像是艺术品，而不仅仅是时尚商品。我觉得自己身上的女人味还不够。”

简约至上

舒科不像那些追求“卡哇伊”的日本女孩一样，她们通常喜欢穿孩子气一些的可爱衣服，或者是色彩丰富的鲜艳衣服，从头到脚都是各种各样的小装饰。在一定程度上，她赞赏自己的日本同胞们有玩转时尚的能力，但她自己却是一个不折不扣的简约主义者。简约并不代表简单。舒科喜欢舒适却又不会忽略优雅，她算得上是靠自己的指尖将极简主义的好处发挥得淋漓尽致的大师了。

SHUKO

舒科

／ 发型师

舒科承认自己尝试过各种风格，直到最后她才对自己的喜好有了准确的定位，那就是“干净，优雅，略带一些休闲”。作为一个特别看重形式的人，她尤其喜欢艾克妮（Acne）、Studio Nicholson（品牌名）、赛琳（Céline）和吉尔·桑达（Jil Sander）几个品牌的线条感。由于工作需要——经常要到世界各地出差，她的日常穿搭通常是一件Sprung Frères（品牌名）的黑色绵羊毛大衣、一件艾克妮（Acne）的高领毛衫、一条哈依库（Hyke）的黑色长裤。在饰品方面，她会戴一副Anne et Valentin（法国眼镜品牌）的眼镜，这会让她感觉不错，也会戴她最喜欢的戒指，那是她父亲送给她母亲的信物。她喜欢穿耐克（Nike）的运动鞋或者Church’s（品牌名）的短靴，这取决于心情。一般出席晚宴的时候她才会穿一些花哨点的衣服，比如带亮片的彩色套装或者芭蕾舞短裙，后者会让她看上去就像《天鹅湖》里面的演员一样。

舒科本人有一种安静的气质，所以在穿搭方面她更倾向于通过一些极其明亮的元素来让自己看上去更活泼一点。在她看来，服装其实跟发型一样，都能折射出人们想要展示的个人形象，好的穿搭效果甚至可以成为自信的加速器、个性的显示器。在生活的舞台上，服装可以帮助我们成为自己想要塑造的角色。

舒科的推荐清单

五件最爱单品

Acne灰色皮夹克。

Acne牛仔裤。

Joseph风衣。

Y’s黑色修身裤。

Martin Margiela白衬衣。

最古老的物件

Chanel老式手包。

最喜欢的配饰

母亲的戒指和Hermès围巾。

店铺推荐

时　装

Acne：地址：巴黎第一区Valois长廊124号。

Maison Margiela：地址：巴黎第七区Grenelle街13号。

Y’s：地址：巴黎第一区Étienne-Marcel街47号。

Church’s：地址：巴黎第一区Saint-Honoré街229号。

Jil Sander：地址：巴黎第八区蒙田大道56号。

Studio Nicholson：网址：www.studionicholson.com。

饰　品

Borgo Delle Tovaglie：地址：巴黎第十一区Grand-Prieuré 街4号。

Couleur Chanvre：地址：巴黎第四区Ferdinand-Duval街13号。

Maison de Vacances：地址：巴黎第一区 Palais-Royal公园Montpensier长廊63~64号。

Merci：地址：巴黎第三区Beaumarchais大道111号。

Au Bain Marie：地址：巴黎第七区大学路56号。

餐厅和食品店

Clown Bar：地址：巴黎第十一区Amelot街114号。

Cave à Michel：地址：巴黎第十区Sainte-Marthe街36号。

Vivant Cave：地址：巴黎第十区Petites-Écuries街43号。

Toraya：地址：巴黎第一区Saint-Florentin街10号。

Terroirs d’avenir：地址：巴黎第二区Nil街7号。

Du Pain et des Idées：地址：巴黎第十区Yves-Toudic街34号。

Blé Sucré：地址：巴黎第十二区Antoine-Vollon街7号。

Télescope Café：地址：巴黎第一区Villedo街5号。

S Y R A

西 拉

Saba Demian

工作室创始人

FASHIO
HELMUT NEW

蓝色的发梢、淡淡的苏黎世口音、从法学到化妆品领域的转型……西拉是一个多面手，她瘦长的身影时而穿梭在玛黑区的小路间，那是她住的地方；时而漫步在加尼叶歌剧院周边的林荫大道上，那是她办公室所在地……

住所

西拉住在一间极富巴黎色彩的小公寓里，她的住所既有魅力又十分有个性。裸露的横梁、勒·柯布西耶（Le Corbusier）的长椅、优雅的中性色调、交错的铝制灯罩、用来试衣的Stockman人台、长条形的书架隔断、迷人的照片……房间里的一切都摆放得恰到好处，整个空间看上去井井有条。

条条大路通时尚

西拉以前是一个法学家，在法国时装学院的一段经历让她从法律专业转行到了时尚领域。她先来到香水巨头欧莱雅短暂过渡，然后又到克里斯托弗·勒梅尔（Christophe Lemaire）担任行政和商业总监。这种完整的、跨领域的尝试恰好满足了她对于独立的需要，也让她鼓足勇气一个人重新上路：“我想要建造一些真正属于自己的东西，所以我全身心地投入时代的浪潮中。”

工作室

2013年底，西拉仅用了三周的时间就成立了自己的工作室，工作室取名为Saba Demian。当时她手上只有三个初始客户：Alexander Lewis和她的时髦现代时尚、Melt和他在尼泊尔手工编织的围巾、Flouzen和他出口全球的羊绒玩具。工作室很快打响了口碑，客户多了起来。Huber Egloff的新颖创作、Hugo Matha介于工艺品和设计之间的配饰，以及Étienne Derœux的建筑线模型等都被她吸收了进来。工作室里家具的整体搭配风格也很统一，堪称完美。这些家具包括威达（Vitra）的桌子、Serge Mouille的灯具、USM的储物柜。经过超级现代公司其他一些物件的分割，这一多功能空间看上去就像一个陈列室。

西拉有着多重身份，她既是商业战略师又是品牌形象代言人，同时还负责采购咨询和产品计划实施，她的多方面才华总能最大限度地满足客户的需求。

FASHION

复合时尚与自由风格

西拉并不会刻意追求时尚，她的风格不受约束因此很难界定，西拉从不满足于简单。

“我非常喜欢自己的衣服，穿搭让我觉得开心，我不拒绝任何一种合理性。可能前一天我还穿得中规中矩，第二天我就换上了吉普赛长裙……我不想太保守，也不愿意太嘻哈，我不会让自己被归类为某一种风格，不想被禁锢住……”西拉觉得穿浪凡（Lanvin）的漂亮裙子跟穿牛仔裤配平底鞋一样舒服，不管是身处城市还是开车外出采购，她都会好好打扮一番。

西拉喜欢收藏各种各样的衣服，并能最大限度地让其发挥作用。对她来说，时尚只是一种表达方式，每个人都会找到最适合自己的那套衣服。

时装马戏团

尽管西拉天天与时尚打交道，但有时也会对自己身为切尔克斯人的审美偏差感到困惑。那些精准的时尚趋势从来不会给自主性留任何余地，过度的装饰、考究的戏服也不太适合她……不，准确地说，她对那些不能穿的衣服没有一点兴趣，尽管她非常欣赏时尚的创意层面，但她认为不能丧失对现实的解读。这个原则恰好也与她所代言的品牌一致，她赞同这些品牌所具有的不刻意卖弄的创新性和适用于日常的创造力。

痴迷No.1

西拉最痴迷的东西是珠宝，她有专门用来放珠宝的一个盒子和若干个箱子……在西拉家里，珠宝占据了大量的空间。她喜欢随处购买，尤其是那些复古的款式，很多是在她闲逛跳蚤市场、旧货店或者私人旧货集市的时候淘来的。她也继承了很多家族传下来的漂亮物件，包括她祖母和曾祖母的两枚订婚戒指。西拉对钱并不看重，她也承认自己不擅长鉴别假货、塑料和一些花哨的小玩意，不过她最喜欢的材料是黄铜：“我有一个黄铜做的东西，它比黄金看起来更有个性，而且边角是平滑的。我喜欢黄铜这种材质，也喜欢它随着时间的推移逐渐散发光泽的过程……我每天都戴从克里斯托弗·勒梅尔店里买来的Fay Andrada手镯。”

手工DIY

西拉喜欢自己构思、组装、制造。她经常按照自己的想法制作衣服和配饰，尤其是珠宝。她最满意的作品是一条大项链，她想象用立方体黄铜做成鱼骨的形状，然后通过焊接将其具象化。她把黄铜块串到一根粗大简单的链子上，项链会随着她的动作轻轻摆动，就像一个小型的雕塑作品一样。在一个小宝箱里，装着许多她从海滩上捡来的小东西，随着时间的推移不断积累……西拉最近的一件作品是一些小的立方体胶木，这些胶木能够展示出不同地层的物料丰富程度。还有一件正在制作中的作品，是一个USM材质的螺栓，因为有一个较大的穿孔所以被她拿来打磨成了戒指，很快她就可以非常骄傲地将其戴到手指上。

痴迷No.2

西拉第二喜欢的东西是鞋。她卧室里的鞋盒快要堆到天花板了。她的鞋子款式多种多样：树胶底的皮鞋、伊夫圣罗兰（Yves Ssint Laurent）高跟鞋、帆布鞋、运动鞋、浪凡（Lanvin）芭蕾舞鞋，还有克里斯托弗·勒梅尔（Christophe Lemaire）的一双深受中国传统鞋启发的软木底鞋……每一双鞋子她都喜欢，她会根据每天的心情选出一双鞋子来穿。

寻觅与收藏

西拉走遍了世界的很多角落，她从来不会错过任何一个在当地市场闲逛的机会，希望能淘到一些心仪的物品。作为一个有着丰富的祖传知识的买主，她懂得欣赏传统民族工匠的手艺，他们能创造出独一无二的作品。她的橱柜里摆着许多靛蓝的伊卡特纺织品，还有一些马萨伊的印刷品，它们记录了西拉曾经与遥远国度的艺术大师的愉快邂逅。她收藏的一条中国的小褶裙、一件罗马尼亚的传统刺绣上衣也勾起了她的美好回忆。

时间的颜色

西拉自小受到多方面的影响，她的个人风格无迹可寻。她对20世纪20年代、艺术装饰、包豪斯（Bauhaus）都不太熟悉，不过她有一件这个时期的礼服，还有几件家族传下来的珠宝。她崇拜几位美国电影巨星：劳伦·白考尔、凯瑟琳·赫本、丽塔·海华丝等。直爽的性格和女性的光环，两种灵感、两种指代，在这个充满激情的巴黎女人身上体现得淋漓尽致。

西拉的推荐清单

西拉的时尚理念

复古物件：这是我最大的爱好，我喜欢搜索、寻找、发现各种复古的小玩意。

收藏癖：所有Nicolas Ghesquière参与设计的巴黎世家品牌产品。

疯狂的爱：Dries Van Noten和他的诗集作品。

基础穿搭：Cos基本款。

日常最爱：Étienne Deroeux。

印花和图案：Marni。

优雅线条：Céline。

试验：Martin Margiela时期的Martin Margiela家居系列。

混搭：去男式服装柜台选购衣服。

收藏的店铺

时　装

Saint-Ouen跳蚤市场：尤其是Falbalas，与阿里巴巴有合作。

Thanx god I'm a vip：不错的选择。地址：巴黎第十区Lancry街12号。

La jolie garde-robe：梦幻复古风格。地址：巴黎第三区Commines街15号。

W：地址：巴黎第三区Pont-aux-Choux街6号。

Guerisol：在Ornado和Rochechouart街周边有好几家店。可以在这里淘到宝贝。

饰　品

最喜欢的网站：www.uber-modern.com。

餐　厅

Taeko：传统餐厅，简单美味。地址：巴黎第三区Bretagne街39号。

L'aller retour：优质肉类餐厅。地址：巴黎第三区Charles-François-Dupuis街5号。

Anahi：不错的阿根廷餐厅，气氛很好。地址：巴黎第三区Volta街49号。

Richer：价格实惠。地址：巴黎第九区Richer街2号。

Le Bachaumont：优质传统菜肴，Dorothée Meilichzon的华丽设计。地址：巴黎第二区Bachaumont街18号。

Le Chateaubriand：有很多美食。地址：巴黎第十一区Parmentier大道129号。

酒　吧

Le barav：舒适时髦的酒吧。地址：巴黎第三区Charles-François-Dupuis街6号。

Tappos：意大利餐厅。地址：巴黎第三区Commines街19号。

Ballroom：贩卖有创意的鸡尾酒。地址：巴黎第一区Jean-Jacques-Rousseau街58号。

Le Grand Pigalle：可以躺在里面的大沙发上。地址：巴黎第九区Victor-Massé街29号。

Hotel Ritz Paris, Hemingway Bar：有全城最好的鸡尾酒，有重要场合的时候可以去。地址：巴黎第一区Vendôme广场15号（Cambon街入口）。

Silencio：很不错的地方，我经常去喝一杯鸡尾酒或者跳跳舞。地址：巴黎第二区Montmartre街142号。

A L I C E

爱丽丝

买手

巴黎春天百货

PRINTEMPS

谁是可爱的爱丽丝？她是一个土生土长的巴黎姑娘，也是贵族后裔。尽管她的母亲在时尚圈工作，但她还是专注于走属于自己的道路，并试图打破常规。在她独特又坚定的风格中蕴含着一种哲学。

时尚国度的爱丽丝

爱丽丝住在玛黑区一个设计精巧的区域里，她总是喜欢逆流而上。你可能会遇到她手肘上挎着一个手包，背上披着一件ZARA大衣，总之她不喜欢背包。她的穿搭总是把双手解放出来，自由地插在口袋里。爱丽丝不会盲目追求大牌，也很少触及快时尚："这些快时尚品牌在图片处理和更新方面做得很好，但是你试一下就会发现它们的质量一般，不光穿起来不好看而且很容易老化。在质量上做出妥协，买一件我之后再也没兴趣穿的衣服，我从来不会做这种傻事。"流行趋势跟当季新品从来不会吸引她的眼球，她的座右铭是创造。

爱丽丝自己不参与创造，也不画设计稿，但她有一双慧眼，还拥有特工的灵魂和天才侦

察员的本能。她在一反常规的道路上尽情驰骋。

爱丽丝既奔放又谨慎，她紧跟时尚、玩味潮流，亲手书写自己的故事。她的风格无比真实，完全反映了自己的时尚观念。她从大街上汲取灵感，她的眼睛随时观察着路人，记录他们的着装，拍摄让她心动的瞬间以便回去之后用她自己的方式重新诠释。她在打造个人风格方面表现突出。用简单几个字来形容她就是“黑白色系”，她拥有与她的娃娃脸形成鲜明对比的阳刚之气。她的买手身份给了她足够的自由：“我并不是某个品牌的代言人，我的视野是比较多元的。”在男士时尚领域工作，她承认自己的穿搭越来越“像个男人”：“那些女孩的东西，褶边、魅感、精心修饰、杂色搭配，都让我厌烦。”她对技术和质量十分挑剔，更喜欢那种干净、简洁的裁剪。她从来不避讳去男士柜台买衣服，有时甚至直接冲到她男朋友的衣柜里：“我喜欢偷穿他的衬衫，或者他的李维斯（Levis）旧夹克。这常常会惹恼他，我却总是偷着乐。”

爱丽丝最崇拜的设计师是Cédric Charlier（比利时设计师）和 Jacquemus（法国设计师），她也执着地喜欢 J.W.安德森（J.W. Anderson）、普罗恩萨·施罗（Proenza Schouler）和艾克妮（Acne）精心制作的衣服。“我更喜欢一些小众品牌，我很乐于持续跟踪它们的成长和变革。对香奈儿（Chanel）、普拉达（Prada）、伊夫圣罗兰（Yves Saint Laurent）、浪凡（Lanvin）这些大牌我并没有多大兴趣。”她也承认自己对于皮埃尔·哈迪

（Pierre Hardy）有无法自拔的偏爱，称赞其为“鞋子的建筑师”，不过她还是更喜欢平跟鞋，因为可以穿着它们在巴黎的柏油马路上尽情奔走。

问及偶像，爱丽丝脱口而出：玛利亚·路易莎。“她的个人风格比较讲究，极具巴黎特色，同时又不乏个性。她从来不需要刻意追随流行趋势。从她的身上，你能看到‘风格’这两个字的最好诠释。”玛利亚·路易莎从20世纪80年代末开始淡出人们的视线，直到2015年又重新成为时尚的领路人，这得益于她的同名店铺，她让自己的名字逐渐被人所熟知。在爱丽丝看来，玛利亚·路易莎并无风格可言，她个人本身就是一种风格。

买手身份

玛利亚·路易莎不只是爱丽丝的偶像，还是她的人生导师，正是受她的影响，爱丽丝开始了自己的职业生涯。尽管有一些偶然，但毫无疑问，爱丽丝的命运终究要跟时尚相关。15岁读大学的时候，身边的好朋友都梦想成为女演员或者兽医，而爱丽丝恰好跟玛利亚·路易莎的女儿是同学，于是她请其帮忙得到了第一份实习工作。她来到康邦街开始了为期一周的实习工作，这一周的经历照亮了一个女孩的未来道路。这也是爱丽丝想要的，她已经构思好了自己的前进方向：先进一所商学院，然后去法国时装学院继续进修。

在玛利亚·路易莎这里，爱丽丝一次次停留，随时准备得到实习工作的机会。在专门给年轻设计师开设的综合商店里，她待了整整一年，一边读书一边工作。当所有课程结束之后她又回到了这里。这一次她终于有大把的时间在此停留。她在这里找到了自己心仪的品牌，也找到了第二个家——时尚这个大家族，但又不仅仅如此：她的同事们以前是生物学家、画家或者拉丁语教师，还有玛利亚·路易莎，她就像皮提亚女神一样，教会爱丽丝遵从自己的天性。爱丽丝在这里逐渐掌握了这一个行业的精髓，她不断成长，与此同时，她所在的公司开到了中国香港和卡塔尔，并且进驻了巴黎春天百货。

在采购时通常只有三个人参与，爱丽丝辅助玛利亚·路易莎，是她的左膀右臂。“所有的事情都要靠双手来完成，我们唯一的工具就是纸和笔，这是纯手工活儿。这就是我的生活，我只了

“时尚其实是你性格的反映。不要对此太过较真，也不要觉得自己是在伪装。要尽量避免模仿整体造型。”

解这个领域。”她回忆说。三年过后，她开始萌生对其他未知领域的新鲜事物的好奇。“我觉得除了玛利亚·路易莎的公司以外可能还存在着另外一个世界。我想去开拓别的机会，去发现一些更条理化的东西。”

爱丽丝于是跨过塞纳河来到了乐蓬马歇百货公司（Le Bon Marché）。在那里她迎来了环境的巨变、职业的转型：她主要负责文化方面的事务，与艺术总监密切合作，参与展会工作……但是很快她就发现自己并不适合这一领域。爱丽丝没有离开公司，而是换了工作方向：八个月之后她重新回到采购部门，主要参与乐蓬马歇百货公司女装成衣的采购和创造性时尚设计方面的工作。完成这项工作之后，她被引荐到Franck et Fils（法国高端百货品牌）担任男装和女装买手。她非常喜欢帕西（Passy）这个购物场所的人性化设计，它完美地介于大型商场和小型商店之间。事实证明这一构造是很有效果的，不过也会让人多少有些不满意：巴黎第十六区的整体外观并不符合她的喜好，她必须付出十足的努力来达到与这一当地企业的精神完全契合的目的。

两年之后，爱丽丝又来到了巴黎春天百货，担任男装买手。这一次她被巴黎春天百货的规模所吸引，同时也对工作的特殊性和任务的艰巨性感兴趣：“一切的事情都需要我来做，这简直太让人兴奋了！”

现实中的买手工作流程是怎样的呢？“这份工作太了不起了，”爱丽丝说，“我们的节奏是很紧凑的。每一年有三季我们都在马不停蹄地工作：当前这季我们对销售结果进行分析，下一季

“这条街真的可以成为所有人的灵感源泉，对设计师和买手都很有帮助。”

我们就需要完成调研和购买，再就是制定新的预算。这份工作很辛苦，但也非常有趣。”

总体而言，这份工作是根据不同领域的定位建立一个相应的整体品牌环境。具体来说，爱丽丝需要挑选出有代表性的品牌，然后根据既定战略制定出相匹配的产品分类标准。随着即将到来的巴黎春天百货男装部分的重新调整，她的活动领域还会不断扩大。爱丽丝与四位建筑师一起在专用的空间工作，思考如何打造不触及敏感度的品牌环境，为顾客建立一条严密的生产线，致力于形成一个一致的整体，探讨品牌的专营权并负责跟踪小众品牌在巴黎春天百货的出售进度。对于那些在商场内设有专柜的知名大

牌，她会细心观察其现状以保证筛选出更能迎合顾客需求的品牌。同时，她也与售后服务和市场营销部门密切合作，负责伙伴关系建立、大型活动、商品目录和其他临时活动空间处理等方面的事务。这份工作最主要的组成部分是数字、零售法则、客户调查和其他极其精细的定位购买方向的销售分析。

“在遇见玛利亚·路易莎之前，我根本没听说过买手这个职业。”爱丽丝解释道，“我喜欢这份工作，它是多变的，介于购买、组织活动、产品比较之间。以前为某一个品牌工作的时候，我常常害怕自己会厌烦，而这份工作完全不会让我觉得腻。”作为一个模范员工，她把所有的薪水都花在了巴黎春天百货上：在午休时间她也不会放下自己的买手身份，而这完全是为了填满自己的衣柜。

爱丽丝的推荐清单

必备单品

最爱：Acne牛仔裤，我基本每天都穿。冬天的大毛衣。

名牌：Rick Owens夹克。

禁忌：Moncler长身羽绒服，UGG雪地靴。

常穿：14岁时在伦敦跳蚤市场买的老式Burberry风衣。

配饰：Pierre Hardy浅口皮鞋（我有几双不同颜色的同款）。

忠诚：当喜欢一个品牌的时候，我会完全依赖于这一品牌的设计，非常专一。

痴迷：就像痴迷音乐一样，我对服装也很痴迷。我可能持续六个月穿同一件衣服，穿腻了才扔掉。这件衣服会让我记住生命中的一个片段。

首饰：男朋友送的一枚戒指，还有出于好奇买来的一些大珠宝。

周期：喜欢更新换代。我会在衣橱塞到快要爆炸的时候果断进行筛选。我经常把旧衣物送去二手店铺出售，这样一来我也有钱去买新的衣服。

购物心得：从不网购。对我来说享受店铺环境、购物体验是很重要的事情。

特权：在时尚圈工作的好处是永远不用花全价买东西。我总是等着打折季、促销或者其他减价折扣，这会让我觉得自己没有过度消费。

周边店铺

Restaurant Chez Philippe：我的食堂。地址：巴黎第三区Dupetit–Thouars街14号。

Le Marché：在这里可以买到很多东西，特别要提到鱼贩Lorenzo。地址：巴黎第十一区Richard–Lenoir。

Le Saint-Gervais：我想喝酒时常去的地方。地址：巴黎第三区Vieille–du–Temple街96号。

Librairie galerie OFR：可以在里面泡一会儿，买点杂志。地址：巴黎第三区Dupetit–Thouars街20号。

La Carpenters Workshop Galler：非常好的空间，展出艺术品。地址：巴黎第四区Verrerie街54号。

Nanashi：我认为他家的胡萝卜蛋糕是世界上最好吃的。地址：巴黎第三区Charlot街57号。

时装品牌推荐

Maria Luisa：地址：巴黎春天百货内设有专柜f。

The Broken Arm：地址：巴黎第三区Perrée街12号。

Acne：地址：巴黎第三区Froissart街3号。

Melinda Gloss：地址：巴黎第六区Madame街9号。

Odetta：地址：巴黎第三区Tournelles街76号。

玛丽·洛尔

首饰设计师

MARIE
-
LAURE

Compact

海鸥的尖叫声仿佛把我们带到了海边。不过这个星期六我们是在巴黎中部，这个街区的水域特色从它的名字中可见一斑：玛黑区（法语单词Marais，原意为“沼泽”）。这里远离海岸线，主人公玛丽·洛尔的小工作室就坐落在一个皇家庭院的最深处，这是一个看上去像村庄一样的大区。就是在这里，这位环球旅行设计师用心设计了许许多多精致的首饰。

走上针织之路

玛丽·洛尔从未接受过任何珠宝方面的教育。与其称她的那些创作为“首饰”，她更倾向于将它们定义为“纺织配饰”。

作为一个土生土长的巴黎人，这个热衷于绘画的文科生选择了报考巴黎的迪佩雷学校（Ecole Duperré）。与一位针织设计师的偶遇决定了她人生的走向：从线入手来创造材料，这件事情本身就让她着迷。在这个领域，她先后效力于蔻依（Chloé）、阿瑟丁·阿拉亚（Azzedine Alaïa）、莲娜丽姿（Nina Ricc）和乔治·赫利（George Rech），接着又加入Nema

MARIE-LAURE

玛丽·洛尔

首饰设计师

Tiber的独立设计师品牌，在这里她用五年时间学会了这一行的所有本领。从商业层面到创作层面，包括供应商的选择和展会地点的确定，她把整个流程都记在了心里，这为她今后管理自己的品牌打下了坚实的基础。紧接着她又辗转到了凯卓（Kenzo），她惊叹于这里提花的精美，也发现了刺绣的乐趣，她在巴尔曼（Balmain）与克里斯托弗·狄卡宁一起工作时接触过刺绣。

从爱好到工作

玛丽·洛尔亲手制作了几件刺绣作品，上面加了一些珠宝作为点缀。与“谁是下一个”（WHO’S NEXT）时装展展会经理Sophie Guyot的偶然相识给她的生活带来了巨大的变化。初次见面，她在自我介绍的时候拿出了一个大盒子，里面装着各种罗缎首饰，于是Sophie Guyot给她提供了一个时装展的展台。在展会期间，她的作品吸引了许多人，这让她一下子就接到了35张订单，她的第一批客户是Franck & Fils（百货公司名）、伊势丹和United Arrows（日本品牌名）。“对我来说，这只能算是一个消遣，但大家觉得我应该成立一家公司。我本身没有经商的计划，只是想作为一个经历。没有任何筹划和组织，我开始试着做这件事情，也慢慢学着适应多重身份。人总是被推着前进的，公司就这样一步步做起来了。”她设计的高品质、别致的首饰被运送到法国和世界各地的许多分店，包括巴黎的Hod商店和奥斯曼春天百货公司。

系列起源

“我很幸运，我进入市场的时候珠宝行业还没有被太多涉足，而且当时配饰在时尚界的地位也在逐步提高。”玛丽·洛尔解释道。那段时间大家都在思考如何开发纺织品除了制造衣服之外更广阔的用途。她刚好赶上了这个时候，打算在纺织品研究中加入珠宝这一元素。她对自己产品系列的构想是鲜艳的花边、英式刺绣、古典施华洛世奇水钻……就像许多谜题一样，以一种巧妙的方式结合在一起，一个可以引出另一个，于是该系列的“先头部队”就这样诞生了，所有的成品都是玛丽·洛尔在巴黎工作室里亲自监督手工完成的。“我很少画草图，但我要自己先做个原型出来。我需要用原材料来进行创作，设计图对我来说太抽象了。”

在神岛之上

在制作完原型之后，玛丽·洛尔会带着当季淘来的所有原材料（包括古典珍珠、丝带、刺绣等）飞去巴厘岛。旅行是她生命的一部分，她每年有一半的时间会住在巴厘岛上。在这里她可以暂时忘掉工作中遇到的一切问题，重新找回自己。“待在工作室的时候，我们每个人都像在笼子里一样，这可以确保我们能够在一个非常纯净的世界里完成创作，我们需要完全脱离现实生活。当然，这也有利于我打磨珠宝、修掉不和谐的部分、在简单的环境中完成创作。”

在巴厘岛上她结识了一群女人，她们自玛丽·洛尔第一个系列产品生产开始就帮她制作丝绸珠子。随后，玛丽·洛尔培训了二十几个人，并且创立了一个女性工作间。她热情地谈论着与工匠们建立的人际关系，这是一种基本的相互理解，也是达到创造顶峰的必要条件。

关于对珠宝的思考

对玛丽·洛尔来说，珠宝是不同于其他任何物件的存在。它的精神维度赋予了它一种力量，一种独特的地位。珠宝能够生发出一种眷恋，能够被传递，也能穿越时间，与那些稍纵即逝的时尚现象截然不同，也与支配市场的昙花一现的法则背道而驰。珠宝可以讲述一个故事，它的象征

“成立公司是一次愉快又充实的冒险，但这并不是我的最终目标。”

性力量是巨大的。通过她设计的Luxume系列，重塑了古典珠宝的精巧与神秘，将其打造为情感、联系与归属感的载体。该系列包括钥匙、怀表、徽章、手镯、护身符，还有一个生动精美的神秘盒子，可以锁住全部的秘密……

创作历程

玛丽·洛尔喜欢时尚，尤其喜欢阿瑟丁·阿拉亚和伊莎贝尔·玛兰的艺术作品。她也喜欢穿衣打扮，会毫不犹豫地买下漂亮的衣服，尽管有些并不会常穿。“我有一点恋物癖，我的衣柜里装着许多我从来没穿过的漂亮裙子，我只是偶尔会把它们拿出来看几眼。”

她的个人风格有一种稍纵即逝的美，是精致和浪漫的结合。同时她又有一点放荡不羁，虽然表面上看不太出。她喜欢穿一件20世纪70年代的大长裙，而为了走路方便会配一双运动鞋。同时她又不会拒绝穿12厘米高的高跟鞋，或者尝试伊夫圣罗兰（Yres Saint Laurent）的铆钉细跟短靴。她最喜欢的衣服是蔻依（Chloé）经典系列的蕾丝上衣，手工刺绣，有许多“需要一个女仆穿针引线才能完成”的小纽扣；她也中意穿19世纪的复古上衣和衬衫，搭配一条褪色的牛仔裤。

玛丽·洛尔尤其喜欢一些真正的基本款和非常纯粹的设计，这一清新的风格更加衬托出她的首饰作品的精美。“这是一种风格的练习。我们可以试着去搭配，要记住的是，一件漂亮的首饰完全可以美化和提升整体穿搭效果。”她也从不怕犯错：“我喜欢某些意外效果。如果一切都很完美，我们很快就会厌倦。”

玛丽·洛尔的推荐清单

首饰推荐

我的第一件首饰：一块卡迪亚Tank系列手表，从拍卖会上买来的。

最珍贵的物品：没有，我对于石头能产生的巨大价值并不关心。

最有感情的物品：不是一块珠宝，而是一个老式银盒，是家族传承下来的。

必需品：是我自己设计的一个袖口，用了黑银和丝绸，设计感很强又不会让人觉得累赘。

最奢侈的物品：一件来自美国的礼物——镶着闪亮宝石的吊坠，我经常搭一条漂亮的白色连衣裙。

我的设计：一款男女都可以戴的手表，手表本身就算得上是一件漂亮的首饰。

我的风格：我自己设计的一条围巾项链；一个简单的袖口设计。

奢侈品：贵重的材料，黄金或白金，与传统首饰有所区别的纹路设计。

梦想：黑色天然钻石，用一块布串起来。

玛黑区店铺

餐　厅

Le Clown bar：优质，简单。所有的食物都是手工制作的。地址：巴黎第十一区Amelot街114号。

食品店

红孩子市场（法国最古老的市场之一，最早可追溯到16世纪）对面的Charlot咖啡店（由一家老面包店改造而来）：露台特别漂亮。地址：巴黎第三区Bretagne街38号。

Le comptoir Bellota et Belotta（Bretagne街）和la maison du saumon J. Barthouil（1929年成立）。

Rose Bakery：推荐煎蛋卷和每日有机饮食，有一种舒适的杂货店气氛。地址：巴黎第三区Debelleyme街30号。

其他类

Librairie Galignani：地址：巴黎第一区Rivoli街224号。

Bar d'hôtel：莫里斯酒吧，有和英式俱乐部一样的舒适氛围。地址：巴黎第一区Rivoli街228号。

跳蚤市场：Dauphine市场，Biron市场，Paul-Bert市场和Serpette市场，我每个月都会去一趟。最喜欢的店铺有Francine，售卖19世纪老式复古物件；Daniel et Lili，售卖20世纪初期和中期的古老珍珠；Les perles d'Antan，售卖19世纪末的珍珠和精美的化妆盒。

Nissim-de-Camondo博物馆：展示20世纪初期私人豪宅的日常生活。地址：巴黎第八区Monceau街63号。

玛丽·洛尔的推荐清单

服饰推荐

Les Ginettes：地址：巴黎第六区Sabot街4号。

Aurélie Bidermann：推荐麻花金手镯和小麦形耳环。地址：巴黎第六区Saints-Pères街55号。

APC：非常完美的基本款设计。地址：巴黎第三区Filles du Calvaire大道3号。

SEZANE：印花设计特别好看。网址：www.sezane.com。

Vanessa Seward：优雅的戏服。地址：巴黎第一区Alger街10号。

Cos：推荐衬衣、Claudine领子、双袖口、披风袖。地址：巴黎第二区Montmartre街68号。

L'Exception：法国设计师心仪之选。网址：www.l'exception.com。

Jour Férié：推荐Nathalie Elharrar参与设计的闪亮的鞋子。网址：www.jourferieparis.com。地址：巴黎第十区Martel街7号。

Eric Bompard：推荐耐穿实用的羊绒大衣。地址：巴黎第七区bac街31号。

The Line：推荐法国品牌MELT的优质围巾。网址：www.theline.com。

Bonpoint：母婴品牌，孩子跟母亲都能买到合适的物品。地址：巴黎第六区Tournon街6号。

香水推荐

Le Labo：独特的香水，个性且可以重复利用的香水瓶子。我对这个牌子非常专一，它真的很独特。地址：巴黎第六区Bourbon-le-Château街6号。

Nose：可以买到英国Miller Harris香水，东方花卉系列是我的最爱。地址：巴黎第二区Bachaumont街20号。

Diptyque：经典品牌。我特别喜欢Opopanax，Ambre和Feu de bois三款蜡烛。地址：巴黎第五区Saint-Germain大道34号。

Annick Goutal：推荐玫瑰香味的面霜。地址：巴黎第六区Saint-Sulpice广场12号。

午餐/晚餐推荐

Rose Bakery：环境舒适，推荐沙拉和咸味馅饼，还有双层布朗尼芝士蛋糕。地址：巴黎第七区Sèvres街24号。

Blend：有巴黎最好的汉堡。地址：巴黎第三区Filles du Calvaire大道1号。

Yoom：香港点心。地址：巴黎第九区Martyrs街20号。

Septime：美味又不奢华的晚餐。地址：巴黎第十一区Charonne街80号。

Café Pinson：新鲜果汁和有机健康的美食。地址：巴黎第三区Forez街6号。

Lazare：提供由Eric Fréchon制作的美味佳肴，和车站餐厅一样的气氛。地址：巴黎第十一区大街，Saint-Lazare火车站前院。

Hôtel Amour：夏天可以在绿树环绕的庭院里吃午餐。地址：巴黎第九区Navarin街8号。

玛丽·洛尔的推荐清单

La Guinguette d'Angèle：提供健康原生态的食物，可以外带。地址：巴黎第一区Coquillière街34号。

1 T.rue Scribe：茶叶品种齐全，有精美的图书架。地址：巴黎第九区Scribe街1号。

Le bar du Meurice：豪华的酒店式酒吧。地址：巴黎第一区Rivoli街228号。

景点推荐

狩猎和自然博物馆：推荐Guénégaud酒店和新奇事物的展示区。地址：巴黎第三区Archives街62号。

马蒙丹莫奈美术馆：可以跟莫奈面对面。地址：巴黎第十六区Louis Boilly街2号。

加列拉宫：精美的时装和摄影作品展。地址：巴黎第十六区Galliera街Pierre de Serbie大道10号。

欧洲摄影之家：对现代摄影的审视。地址：巴黎第四区François-Miron街82号。

Camera Obscura画廊：日本摄影的诗意展。地址：巴黎第十四区Raspail大道268号。

灵感来源

Deyrolle：让人惊叹。地址：巴黎第七区Bac街46号。

Hermès：建筑精美，Lutétia游泳池旧址，属于历史建筑。地址：巴黎第六区Sèvres街17号。

Merci：杂志、饰品、时装、咖啡……这是一家杂志商店，可以坐下来翻阅和购买。地址：巴黎第三区Beaumarchais大道111号。

网购推荐

The Socialite Family：网络杂志，提供时尚的室内设计和易于让人接受的生活方式。网址：www.thesocialitefamily.com。

Kinfolk magazine：网络杂志，很不错。网址：www.kinfolk.com。

The Selby：独一无二的设计。网址：www.theselby.com 。

Inside Closet：富有创意的时装和饰品。网址：www.insidecloset.com。

Le dans La：设计师AurélieLécuyer的美学。网址：www.ledansla.blogspot.fr。

Le joli blog d'Anne, Bonjour品牌设计师。网址：www.mymobilhome.blogspot.fr。

A cup of Jo：时装、饰品、儿童用品等，由Joanna Goddard创办的一家非常友好的网站，可以满足多种需求。网址：www.cupofjo.com。

Vissevasse：丹麦家居品牌。网址：www.vissevasse.dk。

AMM：照片多采用灰色柔美基调。网址：www.amerrymishapblog.com。

在此感谢所有授权给我们的艺术家和设计师。同时还有一部分尽管我们做了种种努力但仍然未确定身份的人员，在此 一并致谢。

P5 照片 In love 作者：Anne Catherine Becker-Echivard

P6 （bg）照片 DR；

（bd）墙壁雕塑作品Matteo Negri，Noed，75 x 75 x 30 cm，漆钢和树脂材料，2010

P7 编号书籍 Le Visionnaire 64 Art de John Baldessari

P27 Banc Le Corbusier，Pierre Jeanneret et Charlotte Perriand © FLC / ADAGP，2016；

矮桌 Le Corbusier © F.L.C. / ADAGP，Paris，2016；

手工地毯 Cogolin；

雕塑作品Xavier Veilhan，Debora，2012 © Veilhan / ADAGP，Paris，2016

P28 雕塑作品 Xavier Veilhan，Debora，2012 et Lithophane n° 13 (Clouds)，2008 © Veilhan / ADAGP，Paris，2016；

手工地毯Gogolin

P31 椅子Cherner，设计： Norman Cherner，1958

P28 et P32 图画 Blair Thurman，Tulane Blacktop，1996-2009 © Blair Thurman，Courtesy Gagosian Gallery

P34 沙发 India Mahdavi

P43 桌子Bethan Grey

P70 （b）花瓶Astier de Vilatte

P71 （b）戒指 Louiz Elizabet Marie Beltrami

P80 （h）Céramique Antoine Tarot © ADAGP 2016；

雕塑作品 Claude Buraglio，Vanité，bananes avec chaussures (d'après Vanité，ou Allégorie de la vie humaine de Philippe de Champagne)，carton，papier d'emballage，journaux，2012

P89 图画 Suzana Hulke；家具Three Seven Us；凳子India Madhavi.

P93 鸟舍灯罩Mathieu Challières；

摄影 Lukas Hoffman：Avenue du Président Allende，Villejuif 2008，gelatin silver print，71 x 102 cm，courtesy Lukas Hoffman

P95 凳子 India Mahdavi

P115 Russell Young（艺术家）和 Kate Garner（摄影师），Galerie Taglialatella Paris.

P138 （b）Hang it all，Vitra

P158 桌子 Knoll，设计： Florence Knoll，1954；

椅子Curly de la Collection Atelier N/7 de Vincent Sheppard

P 163 （b，de g à d）珠宝 Céline，Hermès，Céline

TODAY
DAY
EVERY CLOUD HAS A SILVER LINING
all we need is love

那些在巴黎时尚界工作的女人